我が陣営にあるべし

～水野忠重による水野家の復興～

林口 宏

幻冬舎ルネッサンス新書
268

はじめに

戦国時代の東海地方は、東には駿河の今川氏、西には尾張の織田氏という強国があった。そしてその両国に挟まれるように、小大名の松平氏、水野氏が存在していた。両氏ともに領国を守るということは、苦難の連続であった。矢作川中流域では、松平氏が岡崎城を中心に支配し、矢作川下流域[1]では今川氏と同族[2]の吉良氏が川の東西をそれぞれ「東条」「西条」と、吉良荘を東西に分けて別々に支配していた。

水野氏は境川《さかいがわ》[3]右岸、尾張国知多半島北部を支配し、緒川城《おがわじょう》を拠点としていた。水野《みずの》清忠《きよただ》の次男・水野《みずの》忠政《ただまさ》は、天文二年（一五三三年）三河国刈谷に新城刈谷城を築き、三河松平氏側へ次々と娘を嫁がせ領国を守ろうとした。忠政の娘で十四歳になる於大《おだい》は、天文十年（一五四一年）に十六歳の松平広忠《まつだいらひろただ》のもとに嫁いだ。翌年には竹千代（家康）を出産している。

忠政の娘とされる女性の総数は、後の時代に記述された家系図で異なり、六名とするものや七名とするものがある。忠政の娘で三河松平側へ嫁いだ女性は、家康の母・於大の他に石川清兼《いしかわきよかね》に嫁ぎ妙春尼《みょうしゅんに》となる女性や形原城主松平家広《まつだいらいえひろ》に嫁いだ於丈《おじょう》の方がよく知られている。

本書の目的は、まず忠政の娘で三河松平側へ嫁ぎ、従来はほとんど知られることがなかった四人目となる女性、於亀《おかめ》の方が存在したことを明らかにすることである。次に於亀の方が嫁いだ鷲塚村『片山家文書』[4]を根拠に、同家が屋敷に牢居していた水野家の人々と三河一向一揆という難局にあった家康を結びつけたことに光を当てることである。

片山家の地元となる碧南市では、昭和三十年（一九五五年）頃、『碧南市史』第一巻の編纂が始まり、碧南市史編纂会は片山家に伝わる文書の存在を確認した。しかし、その内容の解読までは踏み込む時間がなかったようで、片山家について記述されることはなかった。平成八年（一九九六年）には、同家に愛知県史編さん室の調査が入り『片山家文書』の史料目録までは作成されている。しかし、膨大な古文書の解読や同家の歴史的位置づけはなされなかった。

歴史の記述を進めるには、記述を裏づける史料が必要であるが、古文書や家系図の中には後の時代に偽造や書き換えがなされたものがある可能性もある。丁寧な検討が必要である。いつ、誰が、どのような目的で文書を記述したのか、史料批判が重要だということだ。

ここでは、従来までの幕府創成期の歴史書と照らし合わせながら、新たな視点で矢作川流域の幕府創成期の歴史の再現を展開したい。

視点とする根拠は、『片山家文書』『水野家文書』『徳川実記』『家忠日記』『改正三河後風土記』『寛政重修諸家譜』などの文書史料、書籍、さらに片山家の地元鷲塚村で語り伝えられてきた伝承も含めたい。

水野信元の弟・水野忠重や同族の水野太郎作らが、なぜ刈谷城主である兄の下を離れ、三河鷲塚村で牢人をしていたのか。本書は水野家の武将が家康への奉公をはじめた背景とその後の活躍を明らかにするものである。

『片山家文書』とする古文書のひとつである「覚」には、三河の一向一揆で窮地にあった家康が、片山家で牢人をしていた水野家の武将らに「我が陣営にあるべし」と説得したと記されている。この家康の言葉は、その後の徳川家と水野家の三百年以上も続く両家の協力関係のはじまりの言葉だったのである。

矢作川流域位置図（慶長年間御改之寫より著者作成）

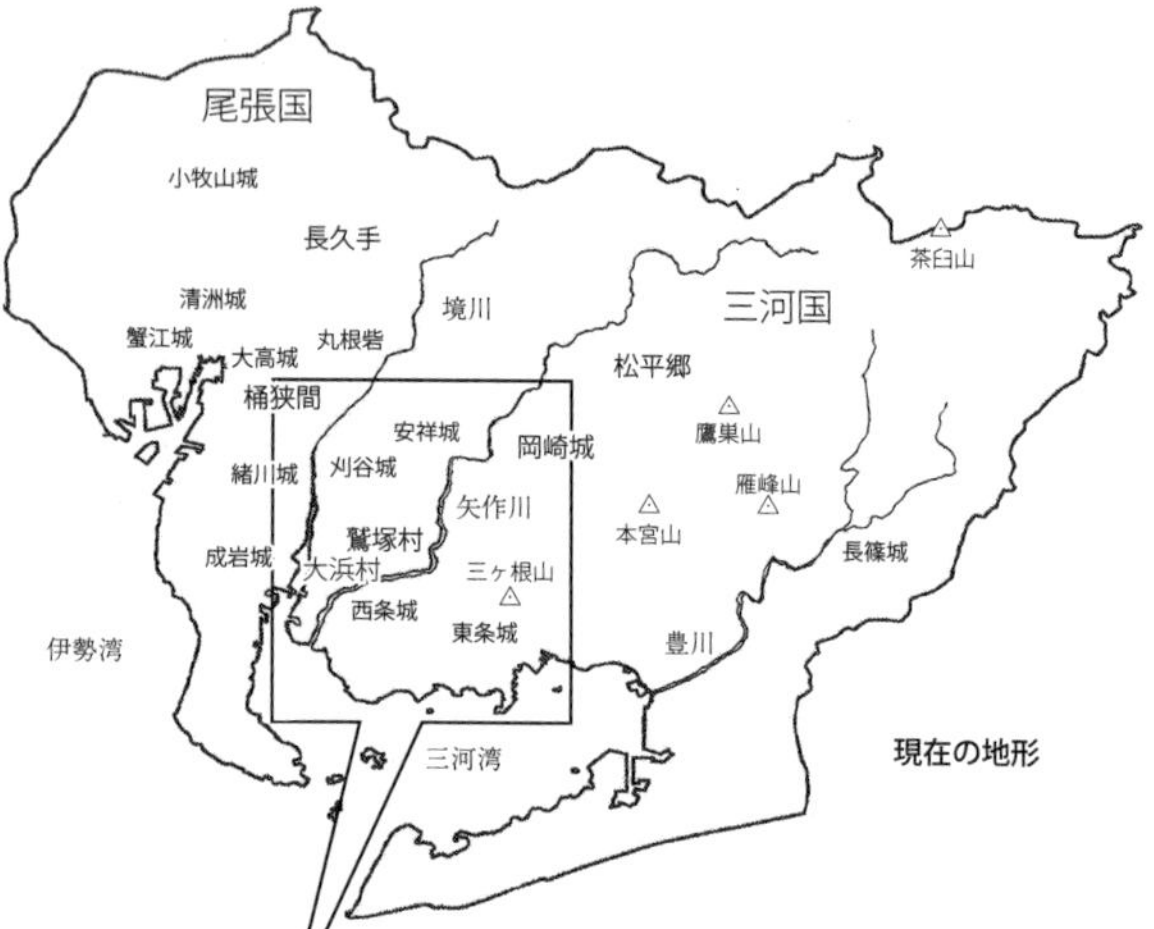

昔の地形

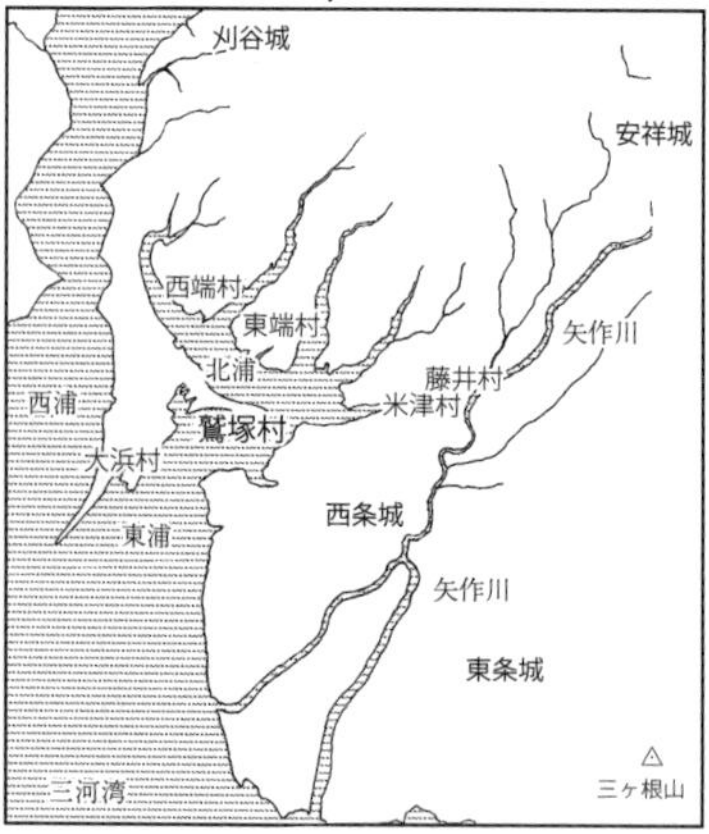

420年以前の地形

1　尾張国と三河国は、ほぼ境川に沿って分けられていた。確証はないが、三河国（矢作川流域）と穂国（豊川流域）は、大化の改新後合併して三河国に統一された。

2　慶長以前の矢作川は、藤井村（安城市）手前付近から南下し、幾筋もの流れで三河湾に注いでいたとされる。

3　慶長10年（1605年）幕府は直轄事業として藤井村と米津村を掘り割った。これにより矢作川の本流は東浦方面へと変わり、上流から流れ込む土砂で地形は急速に変化した。

1　中世の矢作川河口は、現在の吉良町（西尾市）にあった。慶長十年（一六〇五年）家康は、矢作川流域の水害を防ぐため幕府直轄事業として現在の安城市南部を掘り割りし、碧南市方面へ流路を変えている。

2　足利一門の中でも名門中の名門といわれ、分家の今川氏とともに足利将軍家に最も近い一族であった。

3　尾張国と三河国の間を流れ、戦国時代は、この川の周辺で織田・水野勢と今川・松平勢の戦が繰り返された。

4　片山家が書き残した文書を本書では『片山家文書』とする。現在同文書は、片山家菩提寺である道智山遍照院（碧南市）所蔵となっている。江戸時代初期から明治中期までの三百点（目録通番）ほどの史資料である。

我が陣営にあるべし　―水野忠重による水野家復興の研究―

目次

第一章　主君を求める武勇の片山氏

第一節　戦国時代の矢作川流域

第一項　勢力を拡大する松平家と真宗本願寺派

古代三河の国は、茶臼山《ちゃうすやま》山頂から三ヶ根山にかけて尾根の東側となる豊川流域が「穂《ほの》国《くに》」と呼ばれ、尾根の西側となる矢作川流域が「三河国《みかわのくに》」とされていたという。「穂国」はその名の通り豊かな実りのある地域であった。

大化の改新以後、「穂国」と「三河国」は合併し「三河国」となったが、国府、国分寺、国分尼寺、さらに天台宗、真言宗などの寺院は豊川流域に集中していた。現在は、豊橋市、豊川市、蒲郡市などから構成され東三河と呼ぶことが多い。豊川流域の人々は、地域の豊かさ故か気質が穏やかで日々の会話はゆっくりだ。

一方、矢作川流域は川の右岸に碧海台地が広がり水が乏しいことから、溜池、井戸が無数に存在する地域であった。日照りの年など、溜池の灌漑《かんがい》用水の配分を巡って村と村の「水喧嘩《みずげんか》」「水論《すいろん》」が多く見られた。戦国時代までの矢作川左岸は、河口の吉良近くまで山が迫る地形で耕地には恵まれなかった。人々は、自然にたくましく、質素で飾り気を求めない気質が育まれた。また、この地域においても天台宗の寺院が多数見られ、中世の三河では神仏習合ともいえる熊野信仰[5]も盛んであった。

応仁元年（一四六七年）、京都で有力守護大名の抗争が始まると戦乱は諸国へ波及した。この大規模な混乱は、各階層に下剋上の風潮を広げることになった。三河では、細川氏、松平氏、西条吉良氏が東軍側、一色氏、戸田氏、東条吉良が西軍側となり争いを繰り返した。国内各地で農民が領主に対し一揆を起こし、家臣が主家に代わって守護大名、戦国大名となることが起こり始めた。矢作川流域においても群雄が割拠し激しく争ったが、その最後に勝利を得たのは松平氏であった。

松平氏については多くの伝説が語られるが、文献で確認されるのは徳川家康七代の祖とされる松平《まつだいら》親氏《ちかうじ》である。大浜《おおはま》称名寺《しょうみょうじ》[6]の伝承では、親氏は世に住みかねて時宗の僧となり、徳阿弥《とくあみ》と称したという。その父・得川有親《とくがわありちか》とともに流浪して三河大浜称名寺に来ると、有親はそこで没した。徳阿弥は還俗すると坂井（酒井）郷[7]の五郎左衛門の婿となり、一子をもうけた。ところが妻が早世してしまったことから親氏は一子を酒井家に残し、ついで永享元年（一四二九年）矢作川上流域の加茂郡松平村[8]郷主・太郎左衛門《たろうざえもん》信重《のぶしげ》の家

松平（徳川）家系図

（碧南市史資料第72集より著者作成）

	（居城）	生年
初代	親氏（松平城）	不明
2代	泰氏（岩津城）	不明
3代	信光（岩津城）	1404
4代	親忠（安祥城）	1431
5代	長親（安祥城）	1455
6代	信忠（安祥城）	1490
7代	清康（岡崎城）	1511
8代	広忠（岡崎城）	1526
9代	家康（岡崎城）	1543

に婿入りした。その後、松平親氏の子孫による勢力拡大が何代にもわたり矢作川流域で展開されることになった。

矢作川流域の人々の宗教的特徴として、圧倒的に念仏系の浄土真宗の人数割合[9]が高かったことが挙げられる。特に浄土真宗本願寺派の割合が高く、真宗王国と呼ばれた。この地方に浄土真宗が多くの信者を得て栄える契機は、蓮如による三河教化であった。宗祖親鸞の時代に、親鸞から念仏の教えを受け真宗に帰依していった人々もいた。蓮如の三河布教を遡ること二百年前に、鎌倉街道沿いの太子堂（別名柳堂・岡崎市大和町妙源寺）で宗祖親鸞による布教（説法）が確認されている。
親鸞は嘉禎《かてい》元年（一二三五年）、関東から京へ向かう折に柳堂に留まり説法をしたのだが、この柳堂説法にお寺の縁起があるとする寺院は多い。矢作川流域のこの地方が浄土真宗一色に塗りつぶされていくのは蓮如の布教以後であった。それまでは天台宗寺院や真宗でも高田派の寺院だったところが、この時期より蓮如の本願寺派への改宗・転派が確認されている。

蓮如は応永二十二年（一四一五年）、京都東山本願寺に浄土真宗宗祖親鸞聖人より七代目の存如《ぞんにょ》の長男として誕生している。母の名は伝わっていないが、本願寺の下働きをしていた女性との間に生まれたとの説がある。六歳の時、父・存如が正妻を迎えることになると、母は蓮如に真宗の再興を託して本願寺を去ったとされる。蓮如が育った頃の本願寺は、参詣の門徒がなく衣食にも事欠く有様だったという伝承もある。

存如が亡くなった時、蓮如は四十三才であった。継母・如円《にょえん》は実子を後継者にしようとしたが、叔父が実力で勝る蓮如を強く推薦したため、蓮如が第八代門主となり、以後蓮如の活躍が始まった。親鸞の説いた念仏の救いを民衆に理解させる方法として蓮如が考え出したのが「御文《おふみ》」であった。これは農民にも分かりやすい手紙文で、各地の「講」の開催時に読まれた。念仏を唱えることで、男女の別なく、善人悪人、賢い者、愚かな者の別なく、すべての者が阿弥陀仏の救いに預かり、極楽往生を遂げることができるというものである。

蓮如と矢作川流域を結びつけたのは、碧海郡西《へきかいぐんにし》端村《ばたむら》（碧南市）の杉浦一族に生まれた幼名耀栄丸《ようえいまる》という少年であった。少年は佐々木上宮寺《じょうぐうじ》（岡崎市）に養子として迎えられ、如光《にょこう》の名で活躍した。彼は蓮如と巡り合うと、真宗高田派から本願寺派へ転向した。また、応仁の乱の頃まで、天台宗の寺院が多かったこの地方の寺院を、まさに蓮如の手足となり、次々に浄土真宗本願寺派に改宗していった。

三河各地の布教に赴く蓮如（稲垣尚人氏作）

第二項　松平長親に仕える片山忠正《かたやまただまさ》

織田信長の家臣・太田牛一《おおたぎゅういち》は、その生涯を『信長公記《しんちょうこうき》』[10]として書き残している。この中で牛一は、信長側から見た三河の大浜村、鷲塚村の様子を活写した。

三河の国端に大浜・鷲塚という海辺の場所に、戦略上重要な湊がある。これらの湊は富を蓄えており、人の数も多い。大坂石山本願寺は、本願寺九代実如の四男を代坊主として鷲塚御坊に送り込み、門徒は繁昌している。ここにいる者の大部分は本願寺門徒で、一向一揆を起こしたので退治された。(『信長公記』)

この三河碧海郡鷲塚村《わしづかむら》に片山忠光・忠正親子が移り住み、西条(西尾城)吉良家へ仕え始めた。明応年間(一四九二年~一五〇一年)のことであった。

私の家の先祖、片山四郎頼武《よりたけ》は、菊池の一族で、肥後の国(熊本県)菊池の住人であった。建武二年(一三三五年)十月、足利尊氏を追討する官軍にて菊池肥後守武重《きくちひごのかみたけしげ》と同じく、箱根合戦にて功名を立てた。建武三年の春、官軍は、京都に攻め上ってきた賊軍である足利軍を攻め破る時、新田義貞《にったよしさだ》公の先手になり勇戦した。新田義貞公から鞘巻《さやまき》（腰刀の一種）と義貞公の家紋を賜わった。この時から、武具には義貞公の家紋である「大中黒《おおなかぐろ》の紋」を用いるようになり、後になって、武具には自らの家紋と両方の様式を用いるようになった。二代親元《ちかもと》は、応安七年（一三七四年）三月、菊池武政が長門（山口県）で、足利義満将軍の手先と合戦のおり加勢をした。この後、三代親成《ちかなり》、四代親直《ちかなお》、五代直光《なおみつ》まで、菊池一族の合戦には加勢のため出陣をした。長享元年（一四八七年）の菊池・大友合戦で直光は戦功をあげた。同年秋、足利幕府との対立をやめ、幕府に仕えることになった。六代の忠光は、明応（一四九二年～一五〇〇年）の頃菊池能運《きくちよしかず》（菊池氏二十二代当主）と不和になり明応四年（一四九五年）二月、肥後（熊本県）を立ち退いて近江（滋賀県）へ移り、さらに近江より三河へ移り住んだ。

（『片山家文書』「覚」）

この片山親子は、元々は菊池の一族で肥後国（熊本）菊池の住人であった。菊池一族は、南北朝の争乱（一三三六年～一三九二年）では南朝（後醍醐天皇）側で、九州の地を中心

片山家文書「覚」（著者撮影、片山家菩提寺鷲塚遍照院蔵）

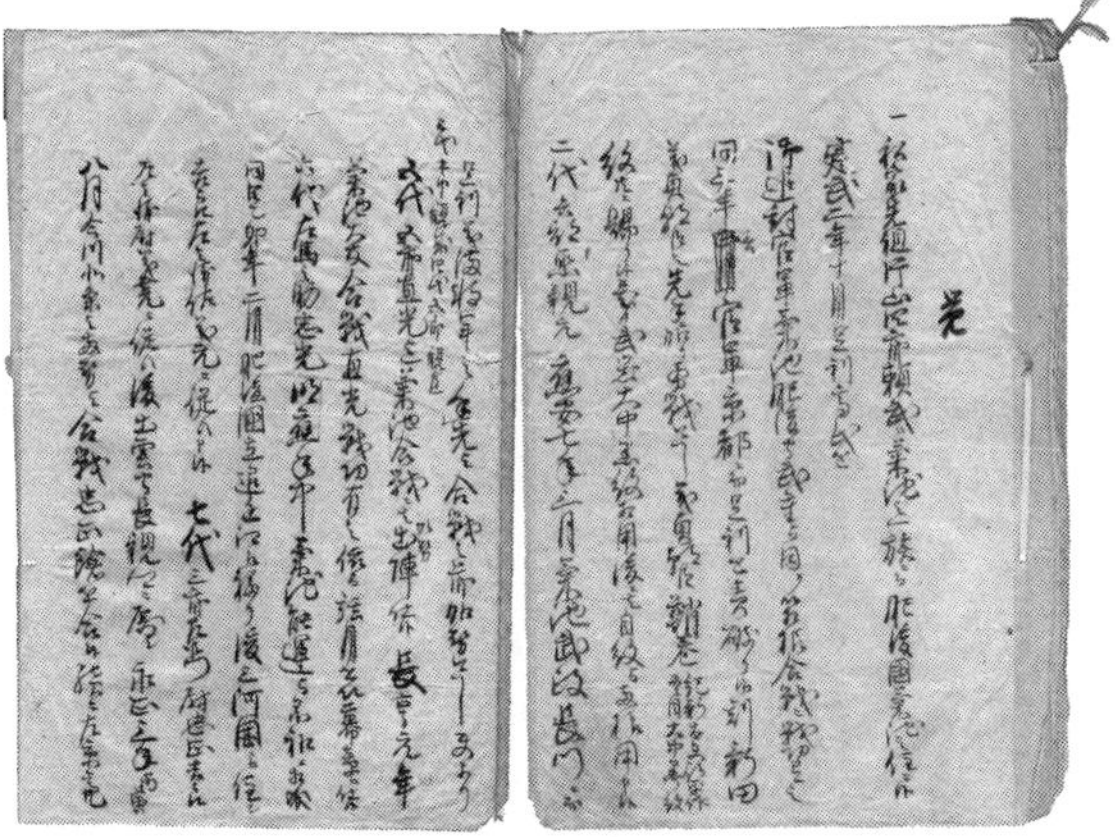

覚

一私家先祖片山四郎頼武ハ、菊池之一族ニ而、肥後国菊池
之住ニ候、
建武二年十月、足利高氏を
御追討、官軍菊池肥後守武重与同ク箱根合戦ニ戦功有之、
同三年春、官軍京都ニ而足利を責破り候刻、新田
義貞朝臣之先手ニ那り勇戦いたし、義貞朝臣銷巻〈紀新太
夫行平作、　貫目大中黒ノ紋〉
紋共ニ賜り候、是ゟ武器大中黒紋相用、後ニ者自紋与両様
用申候、
二代兵部丞親元、応安七年三月、菊池武政長門ニ而、
足利義満将軍之手先与合戦之節加勢いたし、夫より
三代五郎親成、四代五郎親直、
五代五郎直光迄、菊池合戦ニ者加勢出陣仕候、長享元年
菊池・大友合戦、直光戦功有之、依而弦月を以幕章ニ仕候、
六代左馬之助忠光、明応年中菊池能運与不和ニ相成、
同四乙卯年二月、肥後国立退、近江江移り、後三河国江住シ
吉良左兵衛佐義元ニ従ひ申候、七代三郎左衛門尉忠正吉良
左兵衛尉義尭ニ従ひ後出雲守長親卿ニ属シ、永正三年丙寅
八月、今川・北条之両勢与合戦、忠正鎗を合候、続而左京亮

に北朝（足利尊氏）側と激しく戦っていた。九州において争乱は長く継続され、菊池一族は勢力の拡大を目指していた。『太平記』[11]には争乱における菊池氏の事績が多く書かれており、南朝側は勢力拡大のため国内各地に皇子を派遣したことが分かる。九州へ向かったのは、わずか八才の懐良親王《かねよししんのう》[12]であった。行き先は他でもない肥後（熊本県）の菊池城で、延元三年（一三三八年）秋のことであった。北朝有利な争乱の中で、全国でもまた九州でも武将の多くが南朝側から北朝側へ寝返っていた。その中にあって菊池氏は南北朝の合一まで戦い、菊池城は落ちてしまった。その後、一族の者は肥後八代《ひごやつしろ》に落ち延びていった。

南朝側勢力が強かった九州においても南朝側の瓦解を見逃すことはできない状況となった。片山忠光・忠正親子は、正統菊池城最後の城主・菊池能運と不和になり、明応四年（一四九五年）二月、肥後国（熊本県）を立ち退き、近江国を経て三河国鷲塚村へ移り住んだことを伝えている。

戦国時代の三河国碧海郡大浜村《へきかいぐんおおはまむら》（碧南市）や鷲塚村《わしづかむら》（碧南市）はともに湊町として栄えていた。また、西三河における真宗門徒の拠点のひとつである「鷲塚御坊」の存在が確認されている。鷲塚村を治めていた領主は、吉良義元《きらよしもと》であった。鷲塚村に移り住んだ片山忠光・忠正親子が吉良家へ奉公するのは当然の流れであったのであろう。ところが吉良義元が早世し、吉良家から松平家へ奉公先を変えている記述が『片山家文書』で確認できる。

一　永正三年（一五〇六年）寅八月　今川北条　長親ト合戦ノ時　出雲守長親之《いずものかみながちかの》忠正《ただまさ》殿《どの》　鑓《やり》ヲ合セ　高名サレ候

一　十文字鑓《じゅうもんじやり》ハ　信忠公ヨリ忠正殿へヲクレ候ナリ（以下略）

（『片山家文書』「覚」[13]）

片山忠光・忠正親子は、明応四年（一四九五年）二月に肥後を立ち退いて、十一年後の永正三年（一五〇六年）八月には出雲守長親（松平長親）のもとで今川氏・北条氏の連合軍と戦った。このことから吉良家への奉公は、十年にも満たなかったようである。儒教思想が普及し

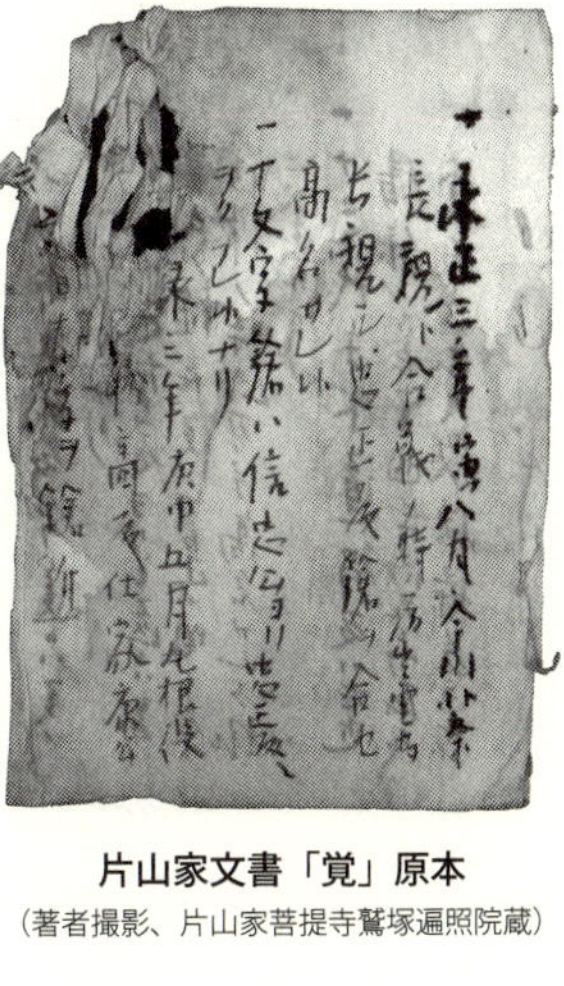

片山家文書「覚」原本

（著者撮影、片山家菩提寺鷲塚遍照院蔵）

た徳川幕府時代とは違い、南北朝から戦国時代にかけての武家は自身の働きを正当に評価してくれる将来性の高い主君を選んで奉公することが当然の時代であった。そのため、武勇に優れ、知略に秀でた武士は、新たな奉公先を求めることができた。片山忠光・忠正親子は、三河に入り西条（西尾城）の吉良義元から当時勢力を伸ばしつつあった松平長親（安祥城[14]）に奉公することを選択したのである。松平長親は家康直系の四代前にあたる人物で、この頃、隣国駿河の今川氏親《いまがわうじちか》からの攻撃を受けるようになっていた。

今川氏親は、家臣である伊勢新九郎（北条早雲）を総大将として三河侵攻を図り、永正三年（一五〇六年）八月、支配下の駿河・遠江・東三河の一万余りの軍勢で松平宗家となる岩津城（岡崎市）まで攻め込んできた。「永正三河の乱」といわれるこの戦いは、松平一族にとっては宗家の岩津城が落城するという重大な危機であった。

岩津城の援軍に安祥城を出陣した松平長親は、無事伊勢新九郎を撤退させ、今川氏の三河侵攻を失敗に終わらせた。しかし、この戦いは宗家岩津松平家の著しい衰退をまねき、合戦で今川・北条勢を押し返した安祥城の松平長親を松平一族の惣領へと押し上げることになったが、すぐに家督を嫡男松平信忠《まつだいらのぶただ》に譲ったのである。明らかに隠居は早すぎる。

片山忠正は永正三年（一五〇六年）の合戦で松平長親に従い、今川・北条勢と槍を合わせて功名を立てたとある。また、松平信忠は片山忠正に「十文字の持ち槍」を与えていることが分かる。片山忠正は長親に続いて松平信忠に奉公することになるが、この早期の家督相続は松平一族内部に波乱を呼び込むことになった。それは松平信忠と片山忠正の身に降りかかる事態となった。

第三項　松平信忠に手打ちにされた片山忠正

七代片山忠正は、しばしば主君信忠の過失を諫めたことから怒りをかい、ついに永正十一年（一五一四年）九月四日、信忠に殺されたと記されている。これまで多くの歴史書は、信忠が手討ちにした家臣がいたことは伝えている。その家臣は片山忠正と判断してほぼ間違いないと思われる。この事件がきっかけとなり、松平信忠はさらに当主としての人望を失い、わずか十三歳の清康《きよやす》に家督を譲ることになった。信忠は髪を下ろして春夢と号し、大浜村の称名寺《しょうみょうじ》で静かに暮らし、四十歳で亡くなっている。

『三河物語』[15]『改正三河後風土記』[16]では信忠の様子を次のように伝えている。

「覚」初代から七代

（著者撮影、片山家菩提寺鷲塚遍照院蔵）

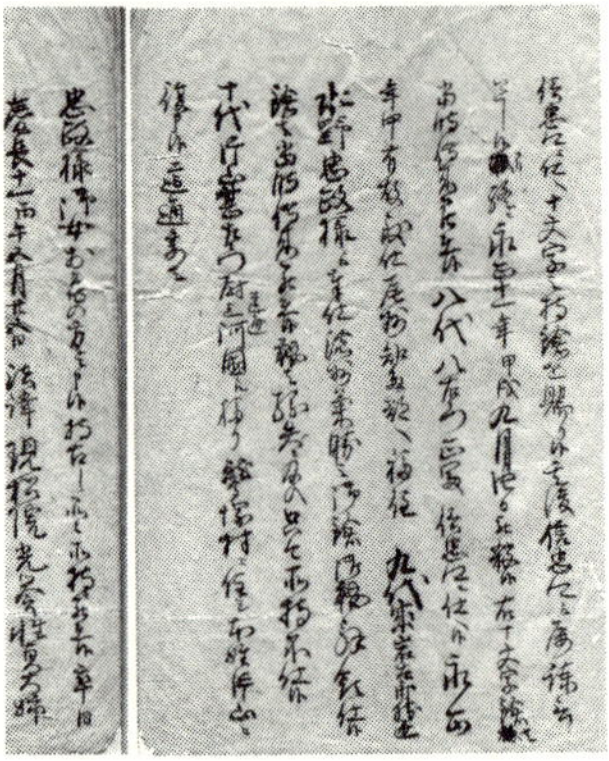

信忠卿ニ仕へ、十文字之持鎗を賜り候、其後信忠卿江屡諌言いたし候ニ付、終ニ永正十一年甲戌九月四日被殺候、右十文字鎗者
当時伝来罷在候、八代八右衛門正富、信忠卿ニ仕へ候、永正年中有故致仕、尾州知多郡へ移住、九代成岩太郎勝通、
水野忠政様江奉仕、漉州菊勝之御鎗、御鞍拝領仕候、
鎗者当時伝来罷在候、鞍者紛失ニ及ひ、只今所持不仕候、
十代片山甚左衛門尉遵通、三河国江移り、鷲塚村ニ住シ、本姓片山ニ復申候、遵通妻者は、
忠政様御女お亀の方与申候、持古し品々所持罷在候、卒日
慶長十一丙午五月廿五日、法諱現松院光譽性貞大姉、

信忠は、それまでの歴代と違い、慈悲の心がなく、家臣に情けをかけることもなかった。世俗のことに疎く、御内衆《みうちしゅう》はもとより民百姓に至るまで、信忠を恐れて心を寄せようとはしなかった。松平の一門衆さえ心はバラバラになり、国侍《くにざむらい》たちは信忠に従おうとするものも少なかった。やがて家臣の間には信忠排斥論が湧き上がった。信忠は、この状況に気づき、排斥派の首謀者を捕らえて手討ちにした。しかし、この処

置は擁護派の一部の賞賛をかったものの、家中全体の不評をぬぐい去ることには至らなかった。ついに信忠は嫡男清康に家督を譲り、みずからは大浜の称名寺に隠居することを家中に公布した。

（『三河物語』）

信忠は、おもねへつらう者を親しみ、忠臣をうとみ、ご一族、ご譜代の輩《やから》も心はまちまちとなって信忠とは別の人物を主君に取り立てんと、信忠のいないところで評議がなされたが一決しなかった。これを聞いた信忠は大いに怒り給い、その首謀の徒《ともがら》を手討ちにした。これを感ずる者もあれば、また怒る者もあった。その後、信忠は大浜の郷に隠居し、わずか十三歳に成らせ給う清康君を松平家の御家督にされた。

（『改正三河後風土記』）

日夜酒宴遊興にふける松平信忠を諫める片山忠正（稲垣尚人氏作）

信忠は家康直系の先祖であるにもかかわらず、このように「暗愚な当主」「不器用無道」などの表現が多くの歴史書にある。松平信忠の人物評の多くには、松平一族をまとめる力がなかったことや、「信忠排斥派首謀者の手討ち」が記述されている。しかし、手討ちにされた家臣の名は、後の時代に作られたいずれの歴史書においても記述されることはなかった。これは、家康の曽祖父が家臣を手討ちにした史実をあえて鮮明にしないための配慮か、手討ちにされた家臣に正当性があり、あえて名を伏せたのかは不明である。

通常松平史観による歴史書は、家督を継ぐ松平当主の武勇や家臣・領民への慈愛を記述することが基本である。しかし、いずれの歴史書も松平信忠への記述は厳しく、松平家臣団が崩壊へ向かう危機を述べている。

手討ちにされた片山忠正は、「首謀者」つまり陰謀・悪事を中心になって企てた者という歴史的評価を一部の歴史書は伝えてきた。この忠正殺害という出来事を家臣団の多くは、御家の危機と理解し、松平信忠は大浜の称名寺での隠居へとつながっていった。松平家臣は、片山忠正が一命を犠牲にしたことで十三歳という若年ながら、松平清康という傑出した領主を頂くことになった。

主君に父を手討ちにされた片山家八代正冨《まさとみ》とその家族は、衣ケ浦（境川）を越え、隣国尾張（知多半島の成岩《ならわ》[17]）に移り住んだ。『片山家文書』「覚」にある「致仕《ちし》」というのは、官職を退くという意味で、松平家への奉公を辞退している。信忠に仕えていた片山忠正の子・正冨《まさとみ》は、剃髪し成頓《せいとん》と号し主君への贖罪を示した。

戦国時代後期から江戸時代初期の記録では、知多半島で最も人口が多くいた村は成岩《ならわ》村《むら》であった。移り住んだ当初は、隠れるように住んだのであろう。片山の名を隠し、「成岩」姓を名乗ったことが「覚」に記されている。正冨の子・勝通《かつみち》は、成岩太郎勝通《ならわたろうかつみち》と名乗り、勢力拡大を図っていた水野忠政[18]へ奉公をしたとある。

『徳川実紀』『三河物語』によれば、松平清康は、父信忠の代に松平家から離れていった家臣を再び松平家へ呼び戻したとしている。片山家の「覚」には、十代遵通は水野忠政の

片山家系図
（片山家文書より著者作成）

居所・主君

初代　片山頼武
肥後・菊池氏

2代　片山親元
肥後・菊池氏

3代　片山親成
肥後・菊池氏

4代　片山親直
肥後・菊池氏

5代　片山直光
肥後・菊池氏

6代　片山忠光
三河・吉良氏

7代　片山忠正
三河・松平氏

8代　片山正冨
三河・松平氏

9代　成岩勝通
尾張・水野氏

10代　片山遵通
三河・松平氏

娘を妻とし、片山へ姓を復し鷲塚村に住んだとある。水野忠政の娘を片山遵通が妻とした記録は、片山家の「覚」だけでなく信光寺（半田市成岩）の記録にも残されている。

第二節　三河へ嫁いだ水野忠政の娘たち

第一項　片山家過去帳

片山家には「尾州無量寿寺役寺信光寺」により記録された文書も残されている。同文書は、江戸時代に入ると片山家子孫・八次郎が信光寺に同家の過去帳の写しを求めたのである。通常寺院が保管する過去帳は、死亡順に死者の戒名、没年月日、俗名が書かれている。その家系の個人情報が一覧化されたものである。

片山家が記述した文書であるなら自家に都合よく美化した記述をする可能性があるが、寺院が求めに応じて作成した写しであれば、現在の市役所などが発行する戸籍謄本同様、創作は不可能で極めて信頼性の高い個人情報といえるだろう。信光寺は、過去帳の最後に

「當院記録右之通ニ御座候　尾州無量寿寺役寺信光寺　印　片山八次郎様」と記している。

過去帳写しの最初に記されている法名は、片山忠正である。永正十一年（一五一四年）九月四日は、没年月日（命日）である。中央には十代片山家遵通《のぶみち》の法名と命日、当主名（俗名）そして、最後は遵通の妻（室）で俗名は於亀と呼ばれた女性である。法名の右下には、水野《みずの》右《う》衛門大夫女《えもんのたいふのむすめ》の文字が確認できる。水野右衛門大夫というのは水野忠政を別名で示している。

片山家過去帳写しの一部分

（著者撮影、片山家菩提寺鷲塚遍照院蔵）

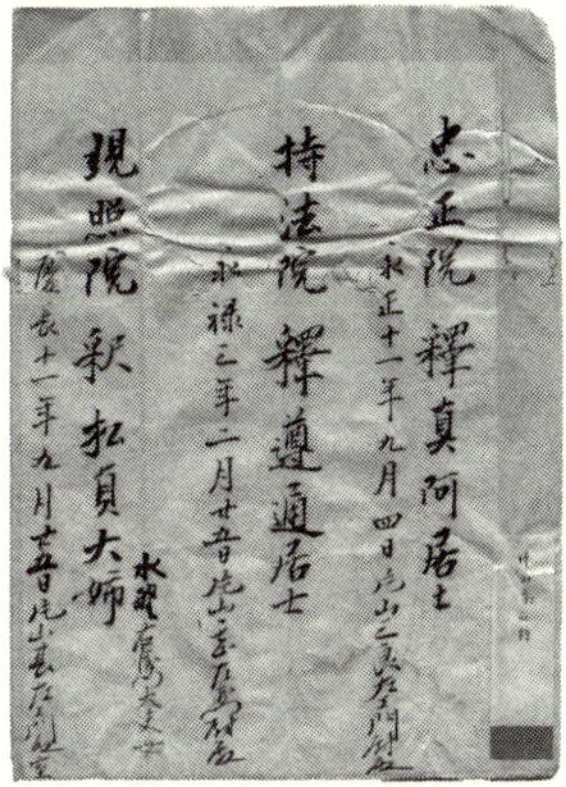

忠正院釈真阿居士　片山三良左衛門尉殿
　永正十一年九月四日
持法院釈遵通居士　片山甚左衛門尉殿
　永禄三年二月廿五日
　水野右衛門大夫女
現照院釈松貞大姉
　慶長十一年九月廿五日　片山甚左衛門尉殿室

父・忠正を手討ちにされた正冨は、父追善のため無量寿寺を頼ったものと思われる。無量寿寺は、元々は天台宗であったが、三河矢作の柳堂で親鸞の教えに感化された了善により浄土真宗に改宗された寺であった。役寺（信光寺）というのは、本寺（無量寿寺）の寺務を代行する小さなお寺である。現在も半田市成岩には、無量寿寺とその隣地に小さな信光寺がある。

九代は成岩太郎勝通を名乗り、成岩の北で勢力を強めつつあった緒川城主の次男・水野忠政に仕える機会を得た。水野忠政は四十一歳の天文二年（一五三三年）、刈谷へ新城を築き三河へ進出している。成岩太郎勝通が水野家に仕え始めたのは、刈谷へ進出する前後と思われる。「覚」には勝通は水野忠政様から「濃州菊勝の御槍」と「御鞍」を拝領したとある。「槍」はこの「覚」が書かれた時もあったが、「鞍」はその後に紛失してしまったようだ。正冨の代に三河を離れ、知多半島の成岩に移ると、勝通は水野家に仕え、その息子である片山遵通も水野家へ仕えた。松平家の家督を

尾州無量寿寺役寺信光寺（著者撮影）

継いだ清康（家康の祖父）は、若年ながら松平家の再興を図った人物とされ、それを裏づけるかのように、水野家へ仕え始めていた片山遵通は松平家へ戻っている。遵通が再び三河の松平家に仕えた背景には、清康から家臣として戻るようにとの強い要請があったもの

水野家・片山家略系図

（碧南市史資料第72集より著者作成）

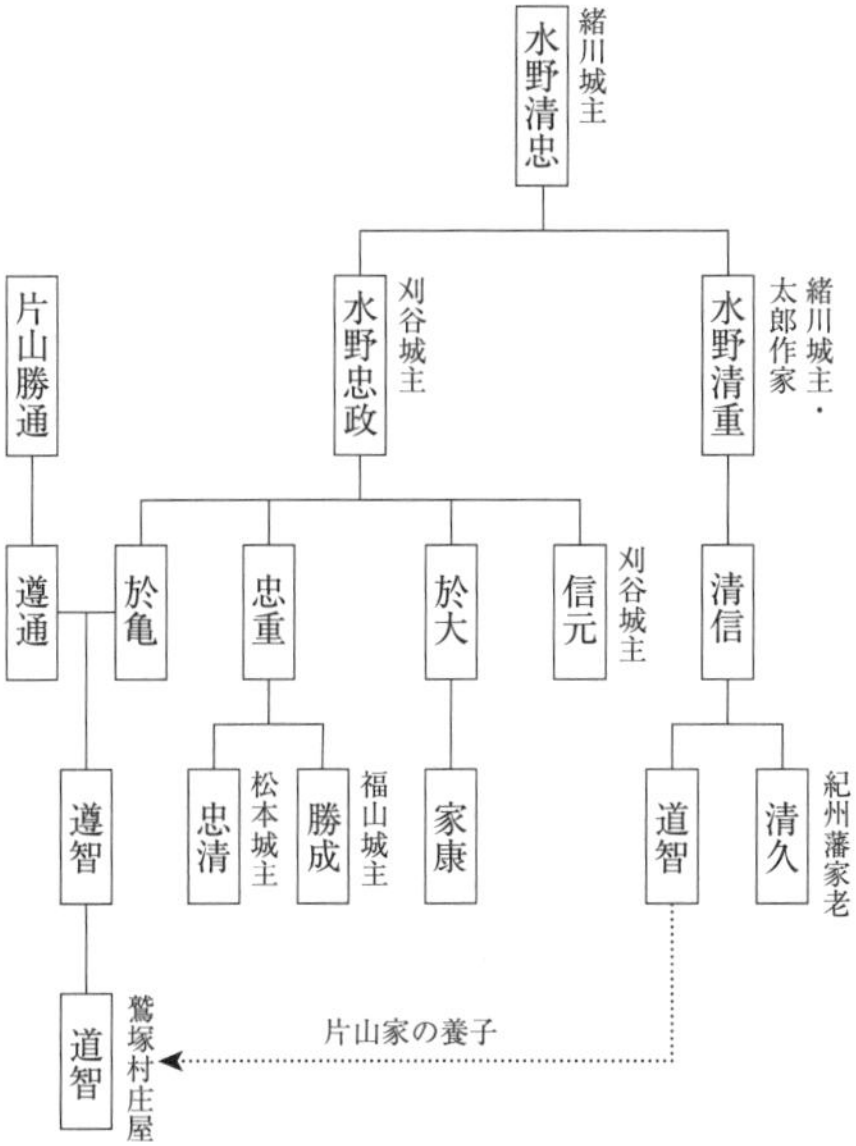

水野家菩提寺 乾坤院（著者撮影）

と考えられる。水野忠政は娘を遵通の妻（室）とし三河国鷲塚村へ戻していることが、成岩信光寺作成の「過去帳写し」同様「覚」からも確認ができる。

緒川城（知多郡東浦町）・刈谷城（刈谷市）を拠点とする水野氏は織田、松平、今川と大きな勢力に囲まれていた。忠政は織田氏に協力しつつ、娘の於大をはじめ、四人ないし五人の娘[19]を松平側へ嫁がせて領地を守ろうとしていた。遵通が三河鷲塚へ戻り、再び松平家への奉公を始める時期は、松平清康が二十五歳という短命で亡くなる天文四年（一五三五年）の少し前と考えられる。

第二項　水野忠政と信元

水野忠政の娘・於大は享禄元年（一五二八年）に生まれている。於大は政略結婚ともいえるかたちで、天文十年（一五四一年）十六歳の松平広忠のもとに十四歳で嫁いだ。そして翌天文十一年（一五四二年）、竹千代[20]を出産した。ところが竹千代を出産した翌年の天文十二年（一五四三年）に実家の父・忠政が五十一歳で亡くなると、松平家と水野家の関係は大きく変わった。

父忠政は織田信長の父・織田信秀の西三河進出に協力しつつも、一方で松平家とのつながりで水野家や領地の保全を図ろうとしていた。しかし、忠政から刈谷城を継いだ水野信元は違っていた。信元は知多半島北部一帯を治める上で、弱体化した松平家と組むより攻勢的な織田家との同盟関係が必要と判断したのである。

松平広忠は水野氏の外交方針転換に対し、於大を離別することで、友好関係の解消を示した。天文十三年（一五四四年）於大は、岡崎城に竹千代を残し、刈谷へ送り返された。その後、於大は刈谷城外の椎の木屋敷に三年ほど居住している。

於大の兄信元は、織田家との同盟関係を明らかにすると知多半島南下を開始している。天文十二年（一五四三年）には、榎本氏が支配していた成岩城を攻略した。水野軍と榎本軍は成岩城手前の神戸川《ごうどがわ》を挟んで激しく戦った。城主榎本了圓《えのもとりょうえん》は、もともとは時宗の僧で、里人に念仏を広めることが目的であったが、いつしか成岩城主となっていた人物である。落城に際しては、落ち延びたと伝えられている。

天文十六年（一五四七年）水野信元は、まだ十九歳の於大を阿久比《あぐい》の久松俊勝《ひさまつとしかつ》に嫁がせ、久松家を取り込んでいった。於大は、三人の男子と二人の女子を産んでいる。於大が聡明な母であったことや、離れて暮らす竹千代に繰り返し日用品や手紙を送り続けたことが知られている。戦国時代の尾張知多半島では、大野・内海の佐治氏、河和の戸田氏など独立性の強い豪族がいたが、信元は織田家を後ろ盾に戦いによる征服、婚姻による和睦を駆使し、知多半島の実質的覇者に成長していった。織田家においても信元の協力を得られることから三河への侵攻を強めた。同年、十四歳になった織田信長は、三河大浜へ初陣を試みている。

吉法師《きっぽうし》殿《どの》(信長)は天文十五年(一五四六年)十三歳にて(中略)元服、織田三郎信長と名乗られることとなり、翌年信長公は、御武者始めとして初出陣、平手《ひらて》政秀《まさひで》が後見役である。信長公は紅《くれない》筋《すじ》の頭巾、馬乗り羽織、馬鎧《うまよろい》といういでたちで、駿河方から軍兵を入れておいた三河の吉良大浜へ手勢をつかわし、あちらこちらに放火して、その日は野営。次の日、那古野《なごの》に帰陣なさった。

(『信長公記』)

松平広忠は大浜湊、海岸防備のため大浜城(羽城)を築き、長田《おさだ》重元《しげもと》に守らせていた。この武者始めで信長は大浜湊を攻め寺や民家を焼いた。対する長田重元は、部下を励まし巧みに防いだため、初陣の目的を果たすほどの戦果はなかったと大浜村では伝承されている[21]。

水野信元が織田家と同盟関係になったことで、松平広忠は、今川義元（駿河）の庇護がなければ岡崎城主に留まれない状況となった。嫡男の竹千代（家康）を今川家の人質に差し出し、今川氏の支えを必要としていた。天文十八年（一五四九年）岡崎城主の広忠が、わずか二十四歳で亡くなると、岡崎城は今川氏から派遣された城代により支配された。駿府に送られた竹千代は、今川義元のもとで元服し、松平元康と名乗った。

第三節　今川・松平軍と織田・水野軍の争い

第一項　石ケ瀬合戦《いしがせかっせん》の水野忠重《みずのただしげ》

今川・松平勢と織田・水野勢の対立は、領地が接する松平家と水野家の間で繰り返された。水野勝成は覚書として記している。

刈谷の重原という所を家康公が攻められて、付城[22]を取られてしまった。その城の跡は今もある。家康公は駿河方で水野信元公は信長様方にて、叔父（信元）と甥（家康）で取り合いをたびたびしていた。その頃のことであるが、緒川の石ケ瀬というところへ家康公が攻めて来られた。石ケ瀬合戦にて水野忠重は、一番槍をあわせ、突き合いとなり、左の脇つぼを突いた。ただのひと槍で突き伏せたのであった。首を取る段になるところで、高木主水殿が「兄の藤次に首を取らせてやってくれ」というので、藤次殿に取るように伝え、藤次殿が取った。信長様は、そのいきさつを聞かれると、兄の藤次が首を取ることより、弟の忠重のしたことは、親のようなことをいたしたのだと感心してくださった。水野に忠重ありと信長様に名を覚えていただくことができた。

（『水野勝成覚書』）

決定的な勝敗は桶狭間合戦であるが、桶狭間合戦以前に石ケ瀬川を挟んで水野氏と松平氏は繰り返し戦っていた。石ケ瀬川は境川、衣浦に流れ込む川で、現在も大府市と東浦町を分けている河川である。水野忠政の末弟・忠重は兄信元に従い、他の兄弟とともに永禄元年（一五五八年）この石ケ瀬合戦で初陣を飾っている。時に十八歳であった。九男忠重と兄信元は二十歳離れていた。水野勝成は、父忠重がこの合戦で信長から賞賛されたという逸話を書き残した。

忠重は一番槍の手柄を立て、敵の首を取った後、二つ目の敵の首を取れる時あえて取らず、三歳兄である八男の忠分《ただわけ》に手柄を譲ったのである。後に、この時のいきさつを知った信長は大いに賞賛し、忠重は「おやけ」だ（頼りがいがある・親のような行動だ）と感心した。

太田牛一も同様の事柄を『信長公記』に記していた。

第二項　桶狭間合戦の水野《みずの》太郎作清久《たろうさくきよひさ》

桶狭間合戦の織田方軍勢に水野太郎作清久（国重）がいた。江戸時代に湯浅常山《ゆあさじょうざん》が著した『常山紀談《じょうざんきだん》』では、次のように太郎作の活躍が語られている。

桶はざま合戦今川義元討死の事

「我が軍は山かげより斬りかかり、速攻によって勝敗を決するつもりである」。そう信長が大声で命令すると、配下の将兵たちは皆、競い合って勇み立った。そして目立たぬように旗印をしまい込み、山かげより桶狭間に向かった。今川義元は駿州（駿河国）の先陣が勝利したことを喜び、酒盛りをしていた。ちょうどそのときに、空がいきなり曇り、ひどい夕立になり、物の怪か何かが乗り移ったように見えるほど風や雷が激しくなったので、信長の兵が迫ってくる物音もかき消され、今川軍は不意の攻撃にあわてるばかりである。

水野太郎作清久が一番首を取った。今川義元の輿《こし》を信長は見つけて、「敵の本陣に間違いない」と、追い立て、追い立て、突撃を繰り返せば、今川義元も逃げずに引き返して防ぎ戦う。そこを服部小平太《はっとりこへいた》が義元を槍で突き、毛利新助《もうりしんすけ》がその首を討ち取った。

（『常山紀談』）

永禄三年（一五六〇年）五月、今川義元は松平勢を先鋒に二万五千ともいわれる軍勢を率い上洛を試みた。尾張に侵攻を試みる今川・松平勢に対し、信長は知多の領主水野氏を支援して、大高城周辺には丸根砦・鷲津砦を築くことで今川勢に備えた。五月十九日、今川・松平勢は丸根砦・鷲津砦を陥落させ、今川義元の本隊は翌二十日桶狭間山に布陣し休息をした昼頃、視界を妨げるほどの豪雨が降ったため、兵を広く分散していたところを織田軍に急襲されたことが明らかとなっている。

『常山紀談』は、江戸時代中頃、巷《ちまた》で流布していた言い伝えを集めた軍記物である。この中の今川義元討死の場面で、水野太郎作は清久の名で先の内容で登場している。水野太郎作清久は、先の略系図（水野家・片山家）では清久という人物である。清久は水野太郎作正重の別名で、桶狭間合戦時は十六歳であった。

第三項　桶狭間合戦丸根砦攻めと松平方の片山勝高《かたやまかつたか》

天文年間（一五三二年〜一五五五年）初期に、片山遵通は再び松平家への奉公が始まっていた。水野忠政の娘・於亀を妻に迎え、鷲塚村間無山（碧南市笹山町）に屋敷を構えていた。信光寺が作成した片山家過去帳の写しによれば、於亀の夫・遵通は永禄三年（一五六〇年）二月二十五日に亡くなっている。桶狭間合戦の三ケ月ほど前のことである。死因は病死と思われる。於亀は、子どもの遵智《のぶとも》と残されることになった。片山家は遵通の弟・勝高が十一代を継ぎ、松平元康（家康）配下松平勢として桶狭間合戦・丸根砦攻めに臨んでいた。

> 十一代又三郎《またさぶろう》勝高《かつたか》　家康公ニに仕、永禄三年（一五六〇年）庚申《かのえさる》五月十九日
> 尾州丸根合戦ニ城将《じょうしょう》佐久間《さくま》大学《だいがく》与《くみし》戦《いくさ》討取《うちとり》候《そうろう》所《ところ》、深手《ふかで》戦場《せんじょう》ニ死申候《しにもうしそうろう》
> （『片山家文書』「覚」）

桶狭間本戦前の丸根砦の戦いは、今川義元から先陣を命じられる三河武士にとっても、織田方先鋒となる城主佐久間《さくま》盛重《もりしげ》（大学）以下、砦死守《とりでししゅ》を命じられた武士にとっても凄惨な戦いとなった。丸根砦を守る織田方の悲劇は、三百名から四百名はいたとされる将兵が敗走をすることなく討死にを選択したことであった。これは攻める三河武士にとっても悲劇であった。『松平記』[23]には「丸根の城に佐久間大学と云いしを元康衆先手にて攻落、然れども岡崎随一の兵あまた討死にしける」とある。また、『改正三河後風土記』[24]は、古くから松平家へ仕えてきた多くの武士がこの丸根砦攻めで犠牲となったことを指摘している。片山勝高も戦場で討ち死にをしている。

片山家では、丸根砦攻めで亡くなった勝高は武勇の人であったことが代々語り継がれた。

勝高没後三〇〇回忌となる安政六年（一八五九年）、鷲塚村[25]を治めていた大浜陣屋沼津藩士であり儒学者でもある岩城《いわき》魁《かい》は、片山又三郎勝高を偲ぶ漢詩を書き上げ、時の片山家当主八次郎に渡している。

---

5 熊野三山（和歌山県南東部）は、神仏習合発祥の地で自然神信仰と祖先神信仰、修験、仏教など現在の日本人の信仰の原点となる信仰がすべて揃っていた。熊野比丘尼という女性の宗教者は、諸国を巡り歩き地獄絵、極楽絵の絵解きをした。

6 愛知県碧南市築山町にある時宗の寺院。暦応二年（一三三九年）創建された。十五世紀前半、松平親氏が父の得川有親と共に来往し、有親はこの称名寺で逝去した。

7 坂井郷（酒井郷）は、現在の愛知県西尾市吉良町酒井と考えられている。

8 松平村は、矢作川上流に位置し、松平氏・徳川氏の発祥地である。現在は豊田市に編入されている。

9 『大日本寺院総覧』、堀由蔵編、明治出版社、一九一六年。同書では、西三河の浄土系は八十%、東三河の浄土系は二十%、尾張を含む愛知県全体の浄土系は五十%～六十%としている。

10 太田牛一、江戸時代初期。永禄十一年（一五六八年）～天正十年（一五八二年）に至る織田信長の一代記。

11 作者・成立期不祥。南北朝時代を舞台とした軍記物語。

12 懐良親王は、南朝の征西将軍宮として、九州における南朝方の全盛期を築いた。

13 片山家文書「覚」は、同一内容の記述を子孫が二度にわたり新たに書き写している。写真の文書は最古の「覚」。

14 『安祥城の研究』、中川　覚、一九九一年。同書では、安祥城（安城市）は畠山一族の和田親平が永享十二年（一四四〇年）築城。文明十一年（一四七九年）岩津城の松平宗家・松平信光が攻略。明応五年（一四九六年）安祥松平家として分出したとしている。

15 大久保忠教、江戸時代初期。

16 成島司直、江戸時代後期。

17 現半田市。衣ヶ浦を挟んで大浜村の対岸、知多半島にあった。

18 天文二年（一五三三年）刈谷へ新城（刈谷城）を築き、織田信秀の西三河侵攻に協力していた。

19 松平広忠の妻於大（家康の母）、松平家広の妻於丈、石川清兼の妻妙春尼、片山遵通の妻於亀、この他に東条吉良家臣・赤羽城主高橋政信の妻も水野忠政の娘とする説がある。片山家系図では同家へ嫁入りした女性が、身分の高い武将の養女になり嫁入りする場合は、実の父親名を記述しているが、於亀については忠政を父と記されている。

20 称名寺十五代住職上人は松平家ゆかりの人で、松平広忠の甥にあたるとされる。天文十二年（一五四三年）に称名寺で連歌の会が行われ，広忠は「神々のながきうき世を守るかな」に対して「巡りは広き園の竹千代」という句をつけた。この句から家康の幼名を「竹千代」としたとされる。称名寺は、東海地方における時宗の一拠点であった。

21 敵城を攻める時それに相対して築く城のこと。

22 『碧南市史』第1巻、碧南市史編纂委員会、一九五八年。

23 阿部定次、成立年未詳。天文四年（一五三五年）～天正七年（一五七九年）までの主君家康にまつわる出来事が記述されている。

24 成島司直、天保十三年（一八四二年）『三河後風土記』を校訂増補した書籍。

25 碧海郡鷲塚村は、戦国期より入江中央の湊として発展しており、幕府成立後は西尾藩領、幕府領、岡崎藩領の時代を経て、明和六年（一七六九年）より水野忠友が若年寄に伴う加増で大浜藩が成立し、その支配村となった。

第二章　家康の自立と三河真宗門徒の蜂起

第一節　家康の三河支配への道のり

第一項　大高城からの撤退

水野信元は今川・松平勢と、村木砦攻めや石ケ瀬合戦で激しく戦ってきた[26]。ところが桶狭間では、敵将の今川義元が討たれる「まさか」という事態となった。そしてあろうことか、織田方・水野信元も「まさか」という信じがたい行動に出たのだ。

永禄三年（一五六〇年）五月十九日、松平元康は、今川義元の命により大高城に入っていた。大高城には今川義元討ち死にのうわさが入ったが、確実な情報ではなかった。元康は城を空けて退却し、もし義元討ち死にが嘘であれば再び義元に合わせる顔がないと考えていた[27]。その時、母の兄・水野信元は浅井《あさい》道忠《みちただ》という者を大高城へ送った。道忠は「義元公は今日昼頃、桶狭間にて討ち死にせられ駿河勢は総敗軍となり候、織田勢の軍勢いまだ道路を塞がざる前に、早く三州へ引き返すべし。すでに日暮れである。道案内は道忠が致す」との口上《こうじょう》であった。水野信元と元康は、繰り返し争い互いに武器を取って戦う間柄だが、信元にとって元康は、妹於大の子ということから放置できず、かく密事を告げたのである。

（『改正三河風土記』）

元康は、「今夜この城を退去するべきである。但し退去の事を聞き知って、敵どもが追ってくることもある。城中に立て籠っているように旗を立て並べ、篝火《かがりび》をより多く焼き、郷民に示すよう」と命じた。元康は諸士卒《しょしそつ》に向かい、案内者たる浅井道忠は長たいまつを馬上に捧げ持ち、分かれ道ごとに打ち振い、後に続く兵に教えるよう命じた。また歩きの兵は、たいまつは必ず邪魔になるからと細かく命じ、旗本馬廻りは前後列を整え、三千余騎が合言葉を定めた。これは夜中に敵と遭遇した場合、同士討ちを避けるためであった。難所では先手に進む騎士一人が長たいまつを捧げ持ち難所の辺りに馬を控え、ここに難所があること、あるいは堀、沼、川があることを教え、大勢が一人も過ちなく池鯉鮒《ちりふ》（知立）の駅に出ることができた。ところが、この場所に刈谷辺りの百姓千人の大集団が落人《おちびと》を討ち取ろうと道を遮っていた。百姓集団の長・上田《うえだ》半六《はんろく》が一番に進み出て「夜中にこの道を通りかかるは何人か、是《これ》は一揆の大将上田半六なるぞ、一人も通すまい」と高声で名乗った。

浅井道忠は兼ねてから半六とは知り合いであった。幸いかなと道忠は駆け寄り、たいまつを振り上げ「ここにいるのは半六ではないか、かく申すは水野殿家人浅井道忠である。殿の仰せを承り、織田殿の加勢に赴き桶狭間一戦に義元を討取り、只今また、三州勢の落人を追討せよとの仰せにて道を急ぐぞ、卒爾《そつじ》[28]するな」と呼ばれれば、半六これを聞き「ここへ来たのは味方である。過ちをするな」と下知《げち》をしたので、百姓どもは道を開け通した。是より後は、道を妨げるものなく岡崎へ帰ることができた。

今川が入れ置いていた三浦・上野・飯尾は、義元の討ち死にに驚き逃げ去っていた。元康は「人が捨てた城ならば、拾い取るべし」と岡崎城へ入った。

（『改正三河風土記』）

『三河物語』は、松平元康が岡崎へ帰った後の動きが早かったことを伝えている。

五月二十三日、元康は岡崎城に入るとその後、織田勢の攻撃に備え、信長方の挙母《ころも》城《じょう》・梅坪城《うめつぼじょう》・沓掛城《くつかけじょう》を攻撃し、その城下を焼いた。元康は、織田信長出勢《しゅっせい》を耳にすると決戦は避けて、岡崎城へ撤兵していた。

（『三河物語』）

織田信長の桶狭間合戦での勝利は華々しく知られるが、水野信元は、浅井道忠を大高城へ送り「かく密事を告げ」三河勢を警護し岡崎まで無事に帰したのである。桶狭間の戦いで今川義元が討ち取られると、今川方は総崩れを始めている。織田方に包囲された大高城の松平勢撤退を江戸時代の歴史書は、詳細にその様子を伝えている。大高城から松平元康と松平勢が撤退できたことは、戦国時代の終焉と近世社会への歴史的転換点のひとつとして意義を持つことになった。

第二項　水野信元のもとを去る忠重と太郎作

桶狭間合戦で水野信元は松平元康を討ち取ることなく、大高城撤退に手を貸してしまった。しかし、信長は水野信元に甥・元康を早々に討ち取れと厳命した。

永禄三年（一五六〇年）六月十六日、松平元康勢は石ケ瀬まで押し出し、徴発をした。元康勢で真っ先に攻め込んだのは、松平信一、鳥居忠広、蜂屋半之丞《はちやはんのじょう》、矢田作十郎、大原惟宗《おおはらこれむね》、杉浦吉貞、高木九助、大久保忠世であった。

水野方では、これに劣ることなく槍を合わせていったのは水野藤助、水野藤次郎、矢田伝十郎、高木正次、梶川五左衛門、清水権之介、神谷新七郎ら[29]であった。

家康勢の松井左近は眼を鉄砲に撃たれながら、その敵を討ち取り、大岡忠次は討ち死にし、大久保忠豊は敵の首を取った。翌日、刈谷城に近い十八町畷に水野信元が出馬して合戦となった。両勢は力を尽くし、命限りの苦しい戦いとなった。家康勢は杉浦勝重、村越平三郎が討ち死にし、大久保忠勝、大久保忠豊、大久保忠世、太田吉勝らは首級《しゅきゅう》を得た。水野勢は追い立てられ、遂に刈谷城に逃げ込んだ。家康勢は討ち取った四十七の首級を十八町畷《じゅうはっちょうなわて》[30]に吊《つ》るして並べ、この戦果をさらすことにした。

（『改正三河後風土記』）

戦国時代末期、水野氏は緒川城のある知多半島北部と刈谷城周辺の西三河西部を支配する小大名であった。忠政の死後、後継者である信元は尾張織田家との同盟関係を明確にしてきた。桶狭間合戦で松平元康の大高城撤退に手を貸したことは、まさに一時の夢のような出来事であった。信元は信長の命じるまま、松平元康との戦いを再開せざるを得なかった。松平勢に水野勢が追い立てられ、水野家中で犠牲者が増加していた。

水野藤十郎忠重　神君（家康）ノ伯父ナリ。兄下野守信元ト不和ニシテ刈谷ヨリ碧海郡鷲塚ニ至リ水野太郎作、村越又四郎ト居住シケルト云フ

（『神武創業録』）

三河に一揆おこり申す時分、拙者おや藤十郎（忠重）は、兄の下野（信元）に何やら不足を申し、下野内を立ち退き、三河鷲塚と申す所で牢人《ろうにん》をしていた。忠重とは相《あい》婿《むこ》（妻同士が姉妹）の水野太郎作という者もいた。太郎作とは親類の関係にある。村越又一郎という者もいた。この者もともに鷲塚へまいり、三人は一緒に居候をしていた。

（『水野勝成覚書』）

桶狭間合戦直後の時期、『神武創業録』は、水野信元と忠重は兄弟不仲となったとする記述が確認できる。また、水野忠重嫡男・勝成は、同様に父は兄・信元に不満があり、彼のもとから去ったことを公言している。

水野勢の一部には、揺れ動く指揮を取り続ける信元への不信があったはずである。水野太郎作清信、水野太郎作清久、水野忠重らには大いに不満があり、ついにこの不満から彼らは、刈谷城を去り兄信元とは別々の道を歩み始めている。

水野惣兵衛忠重殿、同左近清信《さこんきよのぶ》殿、同太郎作正重殿、その外村越又四郎　下野守《しもつけのかみ》信元《のぶもと》殿と不和の事が出来て、刈谷城を立退き、親族の事ゆえ　皆いっしょに当家で引受け置かれ候
（『片山家文書』「覚」）

『片山家文書』「覚」では、刈谷城を立ち退いた水野家の武将を親族のことだから皆一緒に当家で引き受けましたと記している。水野忠重、太郎作らが居候をしていた場所は、碧海郡鷲塚村間無山《まなしやま》（現碧南市二本木荒子）。忠重の姉・於亀が嫁いだ片山遵通の屋敷であった。於亀の屋敷には、忠重と妻、親戚である水野清信、太郎作の親子と太郎作の妻、村越又一郎《むらこしまたいちろう》らが間借りして居候を始めたのである。忠重と太郎作の妻は、ともに都筑吉豊《つづききよしとよ》を父としている。おそらく姉が忠重、妹が太郎作清久（正重）の妻と思われる。『寛政重修諸家譜《かんせいちょうしゅうしょかふ》』には、忠重の嫡男勝成の母は「吉豊《よしとよ》の女《むすめ》」[31]と記されている。

忠重、太郎作と都筑吉豊の娘である姉妹がともに暮らし始めた時期は不明である。しかし、『寛政重修諸家譜』を根拠とすれば、忠重の嫡男勝成の出生が永禄七年（一五六四年）とするなら、その前年の永禄六年（一五六三年）頃には、忠重、太郎作と吉豊の娘姉妹とは共に於亀の屋敷で生活していたはずである。

水野清信は、先の略系図で示すように水野忠政の兄水野清重の息子で本来の長子相続なら緒川城主となる血筋である。しかし、水野信元は織田信秀といち早く織水同盟を結び、松平広忠とは縁切りを宣言していることから、水野惣領家の地位を確実なものとしていたと推測できる。水野信元が父・忠政の親松平政策を捨て去る背景には、水野一族の中で頭ひとつ抜け出すために、信長を味方につけたものと思われる。

しかし、水野家家臣にとっては三河国境の戦いで信長に利用され最前線へ送り込まれる捨て駒でもあった。それは先の桶狭間合戦において松平家古参の三河武士が今川勢の先鋒を命じられたことと同様であった。

水野家は小大名とはいえ織田領・松平領の間で自立を守ってきた家柄である。忠重は、石ケ瀬合戦で、太郎作は桶狭間合戦で一番槍の活躍が、歴史書にも書かれる技量を持つ武将である。武勇においては、すでに傑出した武将の領域に入っていたと思われる。松平勢に十八町畷《なわて》の戦いでは水野勢が追い立てられ、刈谷城に逃げ込み、四十七もの首級を吊るし並べられた不満は、信元に向けられていたのであろう。緒川城[32]の水野清信、太郎作親子も信元のもとからともに去っている。水野忠重は二十一歳、水野太郎作は十七歳であった。

第三項　清州同盟成立と水野信元

信長は滝川一益[33]に相談し、笠原新左衛門を使いに出して松平方石川数正に和睦・同盟の意思を伝えた。しかし、信長は心もとなく思い、水野信元が家康の親戚という関係をよく知っていたので、信元を使者とし家康に信長の意思を伝えることにした。家康はこれを聞くと「和睦・同盟の話は、もったいなく嬉しいこととした。しかし、今川は先代より昔なじみであり、幼少の時より、義元公に助け守られたことは世の人皆知るところである。氏真公が亡父、弔いの軍を催促されれば断るべきではない。真っ先に尾州へ攻め入り、義元公の旧好に報いようと思い定めているので、只今の和睦はできない」とやむを得ない返答であった。信長は、益々家康の信義の厚さに感心し、なおも信元を使いとし、繰り返し和議を結ぼうとした。（『改正三河後風土記』）

水野信元および水野家家臣にとって織田家と松平家が争いをやめ和睦を結ぶことは、最良の展開であることは明らかであった。松平家は東の今川・武田に備え、織田は西の斎藤に備えれば水野氏の刈谷城・緒川城は、最前線から距離を置くことができた。信元は、織田・松平（徳川）・水野家の同盟を働きかける強い動機と必要性を考えていたはずである。

桶狭間合戦以後、諸国の大名は今川義元を討ち取った信長を大いに恐れ、和睦を求める状況が生まれた。しかし、唯一元康から名を変えた家康だけは尾州へ押し寄せ、焼き討ちを行い、水野勢を繰り返し敗走させていた。二十八歳になる信長は、十九歳の武将家康に手を焼いていた。織田家と松平家の和睦を誰よりも願うのは水野信元であり、『刈谷市史』には和睦を信長に進言したとする文書が存在した。一般的に和睦は信長の発意とする書籍が多い。しかし、その多くは徳川家の権威を高めるための幕府編纂史であることを配慮する必要がある。

家康のもとに織田家からの使者としてたびたび、水野信元、久松定俊の両人が訪問し、言葉を尽くして和睦を促したとされる。家康はなかなか応じず、討死した義元の仇も報じない愚将の氏真に従えば武田・北条にその所領を奪われることが予想された。大身の信長が、小身の家康へ和睦を申し出てくれることは、ありがたいことであり家康は納得した。

永禄四年（一五六一年）に和睦が整い、双方誓紙を取り交わしている。永禄五年（一五六二年）正月、家康が清洲城に赴いて信長と会見して両国の同盟が確立した。徳川家康は織田信長が亡くなるまで愚直に信義・忠誠を貫き、この同盟はその後の日本史を大きく左右することになったといえる。水野信元、久松定俊の説得により成立した清洲同盟は、やがて織田信長の上洛を可能とし、戦国時代の終焉に向け機能したのである。

第二節　水野氏の徳川家へのはじめての御奉公

第一項　家康と吉良《きら》義昭《よしあき》

東条城本丸跡には、吉良家を偲ぶ石碑がある。小説『人生劇場』を昭和初期に書いた吉良出身の作家・尾崎《おざき》士郎《しろう》の『吉良の男』の一部分である。

やっと十歳になったばかりの広忠（家康の父）は、数人の従者に護られて、時の東条城主吉良持広《きらもちひろ》をたより命からがら落ちのびてきた。広忠の幼名は仙千代である。仙千代を見て哀れを催した持広は、身をもって、この少年をかくまってやろうと決心した。たちまち数年間が過ぎて行った。持広は進んで仙千代のために烏帽子親《えぼしおや》となって、彼に元服させ、自分の名前の一字をあたえて、広忠と名乗らせた。昨日は人の身の上、今日はわが身の上である。十五歳になった広忠が彼を迎えるためにやってきた家臣たちに護られて、やっと旧態を復した岡崎城に帰ってから、間もなくである。今度は吉良一族の上に悲運がおとずれた。

（『吉良の男』）

今川義元が信長に討ち取られたことでまず起きたのは、今川家に仕える三河・遠江の国人領主の動揺であった。特に三河の国人は義元の対織田戦の陣頭に動員されており、その犠牲は大きかった。さらに、今川義元の後継者・今川氏真《いまがわうじざね》は裏切りを抑えるため、国人領主に新たな人質を要求したのである。家臣の犠牲と信頼できないとする要求は、今川家への従属関係を崩壊させていった。

桶狭間合戦後、家康は矢作川南部を支配する吉良氏への攻撃を開始した。吉良氏は足利一門の中でも名門中の名門で、分家の今川氏とともに足利将軍家に最も近い一族[34]であった。足利家は室町時代の将軍家であるが、その前の鎌倉時代でも執権北条氏とは深い姻戚関係で結ばれていた。吉良氏は足利義氏《あしかがよしうじ》の長男・長氏《おさうじ》が三河国守護として碧海郡吉良荘を本拠地としたことがはじまりである。足利長氏《あしかがおさうじ》の二人の子どものうち兄・満氏《みつうじ》は吉良氏を名乗り、弟の国氏《くにうじ》は今川氏を名乗った。国氏から十代目の今川義元は東海一の弓取りと呼ばれた。

吉良氏は永く矢作古川の東（東条）と西（西条）に分かれて争い、勢力を弱めていた。家康は永禄四年（一五六一年）四月より東条攻めを仕掛けた。西条にいた吉良義昭は、家人に城を任せ東条に入り家康と戦った。西条（西尾城）は落城したが、東条城は容易には陥落しなかった。特に吉良家家老の富永忠元《とみながただしもと》は吉良勢を率いて奮戦し、松平勢に多くの犠牲者を出した。九月十三日、本多広孝は松平勢を率いて東条城下の藤波畷《ふじなみなわて》手前まで進んだ。富永忠元はいつもの如く先駆けしたが、単騎で突出し孤立したところに松平勢が殺到し、逃げる忠元は藤波畷に追い詰められてしまった。

松平方の大久保《おおくぼ》忠包《ただかね》・鳥居《とりい》半六郎《はんろくろう》が戦いを挑むが、忠元にたちまち斬られた。しかしここで力尽き、続く本多《ほんだ》広孝《ひろたか》の槍の前に突き伏せられ亡くなった。

藤波畷の敗北で吉良義昭は防戦の望みを失い、家康に降伏している。義昭は吉良から岡崎へ移住させられることになったが、二年後の永禄六年（一五六三年）三河に一向一揆が勃発すると、義昭は再起反攻の機会ととらえ三河真宗門徒と同盟を結び、再び家康との決戦に備えた。

吉良義昭は三河真宗門徒側で家康と再び争うが、東条は落城し三河から追い出されている。義昭には、家康のように今川家に人質となっていた兄・義安がいた。家康は、吉良義安に吉良氏の家督継承を認め、その後も存続が許されている。徳川幕府では、儀式や典礼を司る役職「高家」として、旗本で取り立てられている。しかし、またまた吉良一族に悲運が訪れた。

時代は江戸時代であるが、元禄十四年（一七〇一年）三月十四日、江戸城中で吉良《きら》上野介《こうずけのすけ》義央《よしひさ》が赤穂五万三千石藩主・浅野《あさの》内匠頭《たくみのかみ》に斬りつけられたの

東条吉良氏の居城跡（著者撮影）

である。この刃傷事件で老齢の吉良上野介は命拾いするがお咎めはなかった。浅野内匠頭は即日切腹、赤穂藩はお取りつぶしとなった。

御家再興が叶わぬ中で忠義の士・大石内蔵助をはじめとする四十七士は討ち入りで見事仇討ちを果たし、武士として切腹している。吉良家で家督を継いでいたのは、上野介の実孫、十八歳の吉良義周《きらよしちか》であった。彼は討ち入りの際、自ら薙刀《なぎなた》を取って武林唯七《たけばやしただしち》らに立ち向かい、負傷し気絶するまで戦っている。

元禄十六年（一七〇三年）二月四日、幕府は赤穂浪士には切腹の沙汰をし、同時に義周にも沙汰がなされた。「当夜のふるまいよろしからず、祖父を守れず、討ち死にもしなかった」ということで領地没収の上、信州高島城へ流罪となった。配所ではカミソリをつかうことを許されず、着替えの洗濯も当初は許されなかったという。火鉢の使用も制限される中で、元来病弱だった義周は宝永三年（一七〇六年）一月二十日、二十一歳で没した。

こうして足利以来の名門吉良の嫡流は絶えてしまった。戦国時代、九州肥後菊池出身の武家、片山家六代忠光と忠正が三河で最初に奉公したのは吉良家であった。

鷲塚村は開発以来永禄四年（一五六一年）まで吉良領であった。鷲塚村を治めた最後の吉良家領主は、吉良義昭であった[35]。永禄四年からは岡崎領となっている。この前年、桶狭間合戦で今川義元が敗れ、今川氏という後ろ盾をなくした吉良義昭を、今川氏から解放されたばかりの松平家康が打ち負かしたからである。

第二項　三河真宗門徒の蜂起

三河では、家康の時代以前からすでに組織化された本願寺教団があり、蓮如が創建した本宗寺《ほんしゅうじ》を頂点とし、三ケ寺と呼ばれる末寺への触頭となる寺院があった。本山の指示は三ケ寺である本證寺《ほんしょうじ》（安城市野寺町）、上宮寺《じょうぐうじ》（岡崎市上佐々木町）、勝鬘寺《しょうまんじ》（岡崎市針崎町）を通して行なわれた。

古より今に至るまで、故有ってお寺の大地とあれば、守護不入にして、何事も他所の支配をうけざる也（『永禄一揆由来《えいろくいっきゆらい》』）

勝鬘寺文書『永禄一揆由来《えいろくいっきゆらい》』には、家康の生まれる前から三ケ寺には領主の役人が勝手に寺領に入れない「不入権」が認知された記録がある。三河三ケ寺と呼ばれる中本山や土《と》呂《ろ》御坊、鷲塚御坊に人が集まり、寺内町ともいえる自治集落が繁盛・発展したとされるのはこのためであった。

今川義元は自分の領国駿河・遠江では本願寺派は禁制にしていた。しかし、天文十八年（一五四九年）、家康を人質に取ると三河国内で本願寺寺院のこれまでの権利だけでなく、あらたに三河三ケ寺の末寺に「不入権」と戦《いくさ》や土木工事の手伝いをしなくてもよい「諸《しょ》役免除《えきめんじょ》」の権利を与えている。義元は三河での松平家の財力・支配力を弱める方策として、浄土真宗勢力の拡大を利用していたのである。

三ケ寺は、それぞれが多くの末寺を持っていた。「本證寺」は最も多い二百ともいえる末寺を持ち、三河一向一揆の際に拠点となった寺院である。鼓楼や土塁を備え、水濠に囲まれた城郭寺院（城郭伽藍《じょうかくがらん》）でこれは戦に備えての城郭であった。さらに門徒の武士に対し、いざ戦となった場合は門徒武士の主君（松平・吉良・今川・水野など）ではなく、本證寺を支持することを連判状に名を書かせ、花押と呼ばれる書判で約束をさせていた。本證寺文書『門徒《もんと》連判状《れんぱんじょう》』には、松平家家臣団の武士も名を連ねていた。この連判状は、三河一向一揆の十四年前に作成され、百十五名の門徒武士が村名、氏名、花押で本證寺への忠誠を約束している。

松平元康は、名を家康と改めると、三河領国支配を強めるため、本願寺派寺院より年貢を徴収することを公言し始めた。

永禄六年、七年の間、一向一揆勃発し、近郷蜂の如く起こり御譜代の衆まで岡崎を離散し兇徒《きょうと》と組んで大いに逆乱する。一朝一夕の事ではなく、碧海郡野寺郷の本證寺は一向宗小本山にて、守護不入の地であった。

境内に鳥居浄心《とりいじょうしん》という者がいて、農耕商売をする富裕の者で永禄五年（一五六二年）十月下旬頃、屋敷の前にむしろ数十枚を敷き新穀物を並べて干していた。岡崎の若侍が用事でここを通ったところ、乗っていた馬が物に驚き、その場へ駆け込み、干してあった新穀物をことごとく踏み散らしたので、鳥居は走り出し腹を立てののしった。この若侍は、本證寺の内外の者に追いかけられて逃げ帰った。

その夜、仲間十四、五人で鳥居浄心の家へ押しかけ門戸を打ち破った。本證寺の僧侶が駆け集まると、若者の仲間たちは、集まった僧侶を散々に打ち殴り帰っていった。誠に若気の至りなりというか、互いに一朝の怒りにその身を忘れ、結果として一揆の基となった。

（『三河門徒兵乱記』）

松平家康は今川家から解放されると、領地のすべてを独占的に支配する戦国大名であるという正体を明らかにした。永禄六年（一五六三年）、秋に本願寺教団と戦端を開いたのである。ところが一旦戦端を開くと家康の予想をはるかに超える状況になった。単に門徒百姓の頭数だけであろうと予想したが、僧侶・尼女、そして松平家臣団からも続々と寺院側につく門徒武士が現れたのである。本願寺門徒は攻撃を受ければ臆することなく燃え上がり、女や子どもまでもが家康の敵となっていった。

第三項　真宗門徒という難敵

松平家家臣の多くは矢作川流域土着の武士で、真宗本願寺派門徒であった。家臣は家康に従う者と寺側につく者とに分かれた。親子、兄弟、親戚でも誇張ではなく一族が二分される状況になった。徳川四天王だけで見れば、筆頭とされる酒井忠次は家康側であるが、酒井氏一門の多くは門徒側についた。四天王の一人本多忠勝は、一族が敵となる中で浄土真宗から浄土宗に改宗し家康側に残った。本多正信、本多正重らは門徒側である。榊原康政は家康側であったが、兄・榊原清政は門徒側についた。遠江《とおとうみ》井伊谷《いのや》出身の井伊直政が家康の小姓に取り立てられたのは、一向一揆から十二年後のことである。

幕府創業期の苦しみと功績が評価される徳川十六神将では、蜂屋《はちや》半之丞《はんのじょう》、渡辺守綱、鳥居忠広は門徒側を選択した武将である。この他に矢田作十郎、大原惟宗《おおはらこれむね》、高木久助、高木広正、榊原清政、夏目吉信、内藤清長、加藤教明《かとうのりあき》、石川康正らがいた。さらに一揆方は、家康支配を望まない勢力も味方につけることに成功していった。『松平記』にその勢力を見ることができる。桜井松平家城主松平家次、上野城主酒井忠尚《さかいただなお》、八ツ面城主荒川義広である。一度は家康に敗れ従うことを約束していた吉良義昭も門徒側についている。

『桜井の歴史』[36]では三ケ寺に立て籠り家康と戦った武将（上層名主層）の概数を推計しており、野寺本證寺（一百余騎）、佐々木上宮寺（二百余騎）、針崎勝鬘寺《はりさきしょうまんじ》（一百余騎）、土呂本宗寺《とろほんしゅうじ》（一百余騎）としている。

永禄六年（一五六三年）十二月頃には、三河本願寺教団と親今川勢力の反家康共同戦線が成立した。一揆側は、家族ぐるみで三ケ寺、本宗寺に籠城し、今川氏真の家康討伐軍の加勢[37]を待った。名主層でもある門徒武士は、それぞれ数十から数百の門徒農民が指揮できたと推計されている。農民とはいえ、豊臣秀吉の「刀狩」「兵農分離」以前の戦国時

三河の一向一揆関連地図（著者作成）

【地図の説明】

1　城郭の下段にある名は城主名。寺院の下段にある名は籠城した主な武士名。

2　大樹寺、妙源寺の下段は宗派名。

3　安祥城は、織田勢と戦う最前線の城であったが、家康は清州同盟成立で永禄５年頃廃城にした。

代の信者農民は脅威であった。『三河門徒兵乱記』には「主人というのは、わずかに現世だけのこと、阿弥陀如来は未来永久にお世話になるところ」とある。阿弥陀様のために戦おうとする門徒は武士・農民ともに死後は極楽往生と信じていた。家康は、家臣・領民である身内を敵に回し戦うという危機を迎えていた。

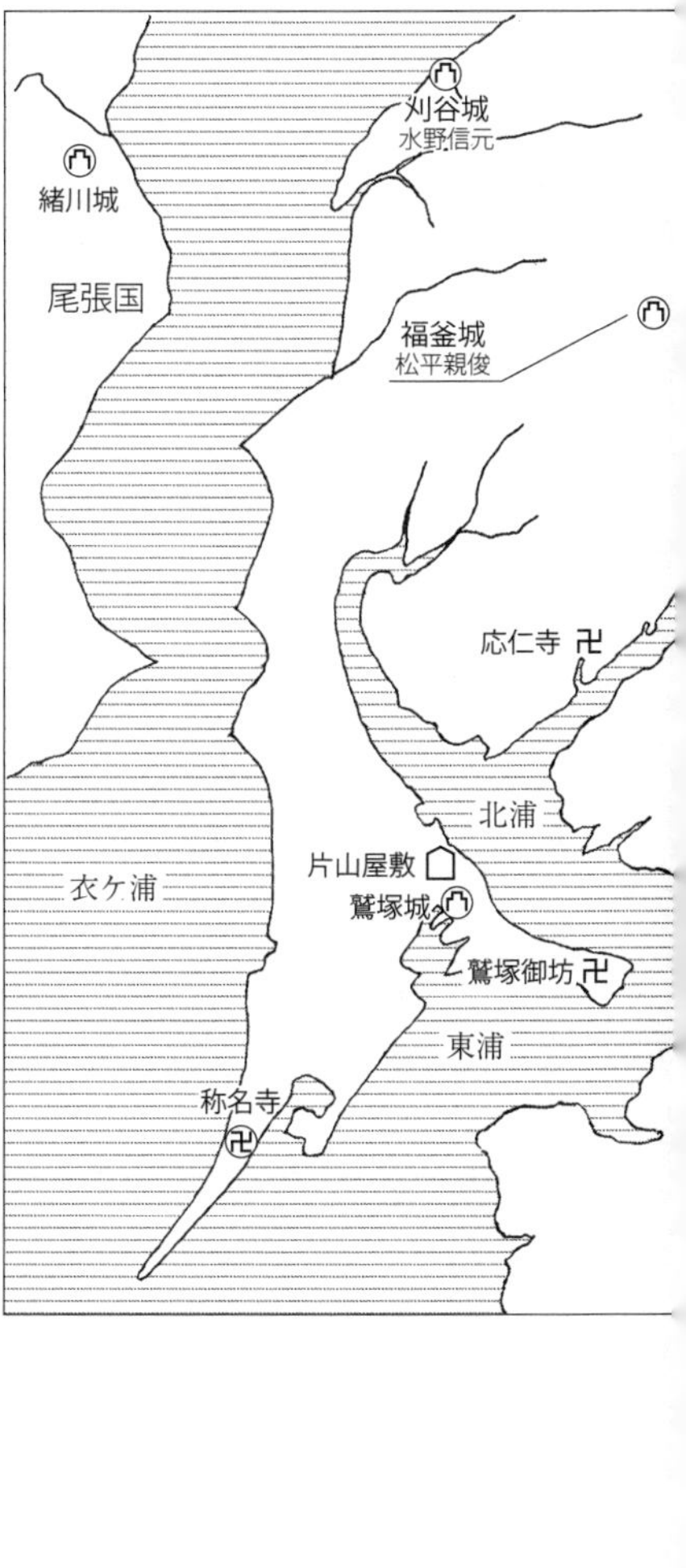

第四項　我が陣営にあるべし

永禄六年（一五六三年）秋に松平家康は、片山屋敷を訪れた。幼い竹千代の頃に叔母・於亀のこの家へ来ると、生前の遵通は竹千代を膝の上に乗せてあやしていたと伝えられている。

水野忠重様、同清信様、同太郎作様、村越又一郎等、刈谷城御立ち退き、遵智方に御客居り、永禄六年（一五六三年）まで居らせられ候ところ、一向門徒蜂起す、家康公ことのほか御難義につき、御頼みこれ有り

（『片山家文書』「覚」）

水野忠重とともに鷲塚で居候をしていた水野太郎作清久は、自らの覚書『水野《みずの》左《さ》近《こん》覚《おぼえ》書《がき》』[38]にこの時の内容を書き残している。その中で、家康と太郎作（父親・清信）との永禄六年秋の片山家でのやり取りが詳細に記されている。以下はその一部分と大意である。

義元公与《くみする》　信長公、桶狭間にて御合戦の時、太郎作行年《ぎょうねん》十六歳に罷成候《まかりなりそうろう》、其時《そのとき》は水野下野守殿の御旗下《おんきか》に罷在候《まかりありそうろう》、下野《しもつけ》（信元）殿は信長の御味方にて御座候《ござそうろう》ニ付、

太郎作も同志仕《つかまつり》その御合戦に罷立候《まかりたちそうろう》き、鑓下《やりした》の高名《こうみょう》一番首を取申候《とりもうしそうろう》、其時《そのとき》信長公より乃《の》御褒美《ごほうび》と被仰《おおせられ》、下野殿より永楽銭銭《えいらくせんぜに》壱貫文拝領仕候《いちかんもんはいりょうつかまつりそうろう》、権現様《ごんげんさま》（家康）御前《おんまえ》にて御尋被成候ハ《おたずねなされそうらば》、今度《こたび》の桶狭間にて太郎作其方《そち》より真先ハ無之由被聞召候《これなきよしきこしめしなされそうろう》か何《なん》とて一番鑓を不仕候《つかまつらずそうろう》て鑓下の高名仕候哉《こうみょうつかまつりそうろうや》与《と》御尋被成候《おたずねなされそうろう》、其時太郎作（清信）御請《おうけ》申上候《もうしあげそうろう》は、拙者《せっしゃ》の倅《せがれ》にて御座候《ござそうろう》ニ付兄（清久）にて候は、歩行者《ほこうは》二人《ふたり》差添申候《さしそえもうしそうろう》か、鑓前《やりまえ》にて是非共と存候而《ぞんじそうろうて》しきりに進み申候得《もうししうらえ》とも、二人相附候《あいつきそうろう》者共両手《はきょうもろて》[39]をひかへ放ち不申《もうさず》て鑓下の高名仕候由《こうみょうつかまつそうろうよし》申上候《もうしあげそうろう》、是は権現様御奉公不申上《ごほうこうもうしあげ》以前の義（行動）にて御座候得共《ござそうらえども》、其場《そのば》の様子を権

太郎作の高名を訪ねる家康　想像絵図（稲垣尚人氏作）

現様能御存知被成候而《よくごぞんなされそうろうて》、御尋被遊候《おたずねあそばされそうろう》ニ付書付申候《かきつけもうしそうろう》

『水野左近覚書』の大意

義元様と信長様の桶狭間御合戦の時、太郎作は十六歳になっていた。その時は水野信元様の御旗のもとにいた。信元様は信長公の味方で、太郎作も同志として合戦に行った。そして敵方を槍で突き伏せ一番首の手柄を立てることができた。その時、信長様のご褒美ということで、信元様よりこれは信長様からのご褒美と話され永楽銭で一貫文をいただいた。

権現（家康）様は、今度の桶狭間合戦について、「一番槍は、太郎作殿であったとのことですが」と父に問われた。父は「その一番槍は、太郎作は太郎作でも私でなく、息子は二人いるが兄の方が一番槍の功名を立てたこと、二人の従者の協力があり、戦果をあげることができたとお話をした。これは家康様にお仕えする前のことだが、家康様は太郎作の一番槍のことをすでに御存じだったので覚書に書くのである。

（『水野左近覚書』）

『片山家文書』「覚」（片山家菩提寺鷲塚遍照院蔵、著者撮影）

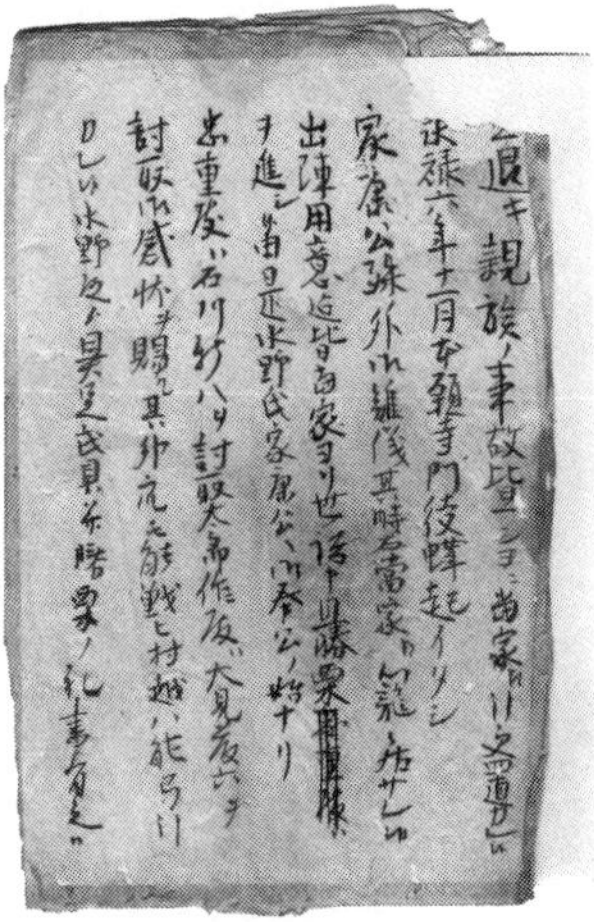

立退キ親族ノ事故、皆一シヨニ當家江引受置カレ候
永禄六年十一月、本願寺門徒蜂起《ほうき》イタシ
家康公殊ノ《ことの》外《ほか》御《ご》難儀《なんぎ》、其時右當家《とうけ》江《え》籠居《ろうきょ》サレ候
出陣用意迄皆當家《しゅつじんよういまでみなとうけ》ヨリ世話申《もうし》、且勝栗《かつかちぐり》
ヲ進シ候由《しんじそうろうよし》、是水野氏《これみずのし》、家康公ノ御奉公《ごほうこう》ノ始《はじめ》ナリ
忠重殿ハ石川新八《いしかわしんぱち》ヲ討取《うちとり》、太郎作殿《たろうさくどの》ハ大見藤六《おおみとうろく》ヲ
討取、御感状賜《ごかんじょうたまわ》ル、其外《そのほか》ノ衆モ能《よ》ク戦ヒ、村越ハ
能ク弓引《ゆみひ》カレ候、水野殿ゟ《より》具《ぐ》足《そく》・武具《ぶぐ》并《ならび》勝栗《かつぐり》礼書《れいしょ》
有之候《これありそうろう》
（『片山家文書』）

家康は、於亀の屋敷に居候をしている敵方であった水野家の忠重、太郎作らが武勇に優れていることを知っていたのである。そして、一向宗門徒の蜂起に迷惑をしており、「我が陣営にあるべし」と説得したことも書き残されている。水野家の武将が初めて松平家へ奉公を始めるのはこの時からである。『水野左近覚書』には、松平家康と水野太郎作清信との会話が活写されていた。

片山家の「覚」からは、一揆側勢力が急拡大する永禄六年の秋から冬にかけて、一揆側勢力が急拡大する中で、危機感を強めた岡崎城家康側も急遽、兵力の増強に奔走した様子がうかがえる。松平家康は、織田信長と清州同盟を締結したことから、領国支配を加速させ、本願寺派寺院の権益を容易に取り上げられると判断した可能性がある。

しかし、いざ戦闘が始まると本願寺門徒の家臣には、寺側につくものが続出し、家康自身の想像を超えた難敵であることが明らかとなった。家康は叔母の於亀を頼り、叔父の忠重をはじめ水野家の武将らに加勢を頼んだのである。

片山家は水野家武将たちの武具と、出陣の縁起ものである「勝栗《かちぐり》」を用意したとある。「勝栗」というのは栗の実を干して杵《きね》でついたもので、「杵でつく」は「勝つ」に通じる古語とされる。「覚」では、忠重、太郎作らは片山家より出陣になったと述べている。通常、武家の出陣に向けての準備には細心の注意が払われた。出陣前に

水野忠重主従出陣の軍盃想像絵図（稲垣尚人氏作）

は縁起をかつぎ、軍盃と呼ばれる酒を三種の肴《さかな》（あわび・勝栗・昆布）で飲み干す三献の儀を行った。中世の軍礼では出陣は吉日に行われ、縁起が良いとされる方角や暦、作法が重視された。忠重主従が岡崎へ向かったのは十一月とある。旧暦の十一月は、新暦では秋が終わる十二月頃である。

第五項　門徒武士との一騎打ち

水野藤十郎忠重は水野太郎作・村越又四郎とともに岡崎に来て、忠勤に励んでいる。永禄六年（一五六三年）十一月二十五日、藤十郎忠重は家康公の御供をしていたが、蜂屋半之丞が逃げるのを見て逃がすまいと追いかけ渡り合った。

永禄七年（一五六四年）正月十五日、只今本道を帰っていく馬上の賊どもの指物《さしもの》[40]を見るに、石川、大見、佐橋、浪切らと思われる。彼らは一揆勢の中でも随一の者である。一人も残さず討ち取れと家康公の御下知があったので、旗本の中でも血気の勇士は、我劣るまいと追いかけた。

その中でも水野忠重は、一番に追いついて「金の団扇《うちわ》の指物は石川新七郎と見たが見間違いか。かく言うは水野右衛門太夫忠政が十男藤十郎忠重なるぞ、引き返し勝負せよ」と言葉をかけると、石川は、高らかに打笑い、口うるさい藤十郎殿の言葉かな。我らとの勝負の事はうまくはゆくまい。引き返すに何も難しいことはない。轡《くつわ》を返し互いに馬を馳合《はせあ》わせる[41]と、やがて忠重は一喝して石川を突落し、その首を取って団扇の指物にそえて実検に備える[42]と、お褒めに預かることができた。忠重の相婿《あいむこ》、水野太郎作清久も同じく進んで戦い、大見《おおみ》藤六《とうろく》を討ち取った。佐橋甚五郎も大勢に取り込められて討取られた。浪切孫七郎は、その場を逃げのびて小豆坂《あずきざか》を逃げ登った。

（『改正三河後風土記』）

忠重、太郎作らは家康の目の前で手柄を立て、自らの武将としての力量を明確に示すことができた。家康のもとでの居場所を得ようと必死であったものと思われる。これは、一族郎党が家康側と寺側に分かれ、肉親や親戚と戦わなければならない松平家家臣の心情とは対照的であったと思われる。『改正三河後風土記』からは、忠重、太郎作、村越又一郎らが家康のもとで忠勤に励んでいる様子を確認することができる。

忠重らは、兄・信元への不満から刈谷城を飛び出したが、鷲塚でいつまでも牢居する気はなかったはずである。松平家を居場所とするための明白な手柄を意識し、石川新七郎[43]との一騎討ちに向かわせたと思われる。金の団扇の指物だけで忠重は石川新七郎と呼びかけていることから、石川の武勇はすでに知られていたことが分かる。名誉を重んじる武士ならば、忠重の「勝負せよ」の言葉に馬を返さざるを得なかったのであろう。家康の下知に「馬上の賊どもの指物」「随一の者」とあることから水野太郎作清久も忠重同様、覚悟の上で一騎討ちを大見藤六に挑んだのである。石川、大見は、土呂・針崎一揆勢方の巨頭であった。

指揮官であった石川新七郎、大見藤六が討ち取られたことで、一揆勢の士気は大きく喪失された。家康は命令系統の混乱から統制の取れた戦闘が不可能になることを見越して「一人も残さず討ち取れ」と下知をしたのである。大将格である石川新七郎、大見藤六を討ったとする記述は『片山家文書』「覚」にも見られる。忠重、太郎作は、家康から感状[44]を賜っている。村越又一郎は弓の才に際立っていたようである。一揆終息後、水野忠重は具足・武具・勝栗の御礼を書状にして渡し、片山家は忠重からの書状を大切にしたことが同家文書に記されている。

忠重・太郎作という水野家武将の家康への御奉公のはじまりは、歴史的に大きな意義を持つことになっていった。長い徳川政権の時代を常に水野氏は支え続けることになる。水野氏は、信長・秀吉の時代には、時の権力者に従った時期も確認できるが、江戸幕府が創建されると常に政権の中枢で将軍家を支えることになった。『片山家文書』には、これが水野家の徳川家の御奉公のはじまりであったとある。

第六項　一揆の収束と家康の三河支配

西三河南西部には真宗門徒の拠点がいくつもあった。寺院では堀で囲まれた城郭造りの本證寺（安城市）や寺内町を形成していた土呂御坊《とろごぼう》（岡崎市）[45]、蓮如創建の鷲塚御坊（碧南市）[46]があった。八ツ面《やつおもて》城（西尾市）には、東条吉良氏出身の荒川義広、桜井城（安城市）の松平忠正、大草城（幸田町）の松平忠親は一揆方であった。永禄七年（一五六四年）二月、刈谷城主水野信元は家康の求めに応じて加勢をした。

家康方酒井《さかい》正規《まさちか》の西尾城は一揆側に包囲され、兵糧を使い果たしていた。そこで家康の岡崎城では兵糧を支度し、二月八日、刈谷城主水野信元の二千余りの軍勢を引き連れた加勢もあり、家康は岡崎を出発した。

兵糧は西尾城へ搬入することに成功した。その後、家康・信元勢は八ツ面城を襲撃することになった。先手の兵が城に近づき鬨《とき》の声を上げると、城中からも討って出た。先手の兵は弱く見せかけ、四~五町（五百メートルほど）退いた。城側の兵は調子に乗って追ってきた。左と右に分かれていた岡崎勢（家康）と刈谷勢（信元）は手勢をひきいて一度に攻め込んだ。挟み討ちになった兵が驚いているうちに、退いていた先手の兵も態勢を立て直して攻め込んだ。城側の兵はたちうちできず崩れるように城内へ逃げ込んだ。この時八ツ面城側は大将格、馬場《ばば》小平太《こへいた》を失った。討ったのは天野《あまの》弥《や》兵衛《へえ》であった。

岡崎・刈谷勢が勝ち戦に気をよくして引き返していくうちに、小川の安政（安城市小川町）まで来ると、鷲塚御坊、野寺本證寺に依る三百余人が討って出て、すきまもなく立ちふさがった。中でも、野寺本證寺住持《じゅうじ》の空誓《くうせい》は力も強く才量のある僧であった。空誓は鉄の棒を真っ向から振りかざしていた。岡崎勢が近づくと、ぎっしりと立ち並んでいた一揆勢は、一斉に山が崩れるように討ってかかった。家康はこの様子を見て、駆け寄って刀や槍で勝負してはまずいと考え、「取り囲んで、弓と鉄砲で討ち取れ」と命令した。酒井、本多、石川、近藤、今村、安藤などいずれも馬上からの弓の名手であった。また、鉄砲でも撃ちまくった。矢戦の最中、水野勢は三〇〇余人の一揆勢の中へ横から討ってかかり、敵味方入り乱れての大乱戦となった。岡崎勢はわき目もふらずに突進し、鷲塚・野寺勢はどっと崩れた。桜井円光寺《さくらいえんこうじ》の順正《じゅんしょう》は、本證寺空誓を逃すため、身代わりとなり一揆勢は寺内に逃れた。

（『改正三河後風土記』）

織田信長、水野信元は、松平家康に早々に一揆勢の僧侶、百姓、寺院側松平家臣の罪は免じて、遠州今川領へ軍を進めるよう諫めていた。永禄七年（一五六四年）二月二十八日、家康は上和田（岡崎市）の浄土宗浄珠院にて真宗寺院側への降伏条件（誓詞）を次の内容で作成した。

一、一揆に加わった侍たちの領地は、従来通り認めること。
一、寺、僧、寺の領地の百姓は元通りとすること。
一、一揆の張本人も一命は助けること。

この誓詞は家康の家臣、石川家成により土呂本宗寺へ届けられた。万事御赦免《ばんじごしゃめん》の知らせが針崎勢などにも伝わり各所の一揆勢はそれぞれ退散を始めた。家康はすべてを許すとしたため、一揆勢は解体したのである。岡崎城に帰った武士の多くは領地を安堵され、以後は家康に忠節を誓う者が多かった。

五月になり、家康は「三河三ケ寺、本宗寺をはじめ、すべて一向宗は宗門をかえよ」と寺側へ伝えてきた。本願寺派禁制ということである。寺や門徒たちはこれには驚き「承知できない」と申し出た。僧と門徒は「御誓詞にも、道場は前の如くとおおせになられたはず」と尋ねると、これに対し家康は「前々は野原なり。道場を打ち破り、野原にせよ」と命じた。

一向一揆における和睦交渉では、寺院の存続、一揆勢の赦免が条件とされたが、家康はそれを破棄し、坊主衆は家康領国外へ追放、寺院は破却された。これ以降天正十一年(一五八三年)まで家康領では、事実上一向宗(本願寺)信仰が禁教状態となった。坊主衆は国外追放であっても領内の門徒民衆の信仰は保持されていたと考えられている[47]。ただ、坊主衆を遠ざけている間に、三河領国支配を進めていくのが家康のねらいであった。本願寺教団を追放した松平家康は、急速に勢力を拡大し、永禄九年(一五六六年)十二月には三河守に任じられ、姓を「松平」から「徳川」へと改めた。

26 『三河物語』、大久保忠教、江戸時代初期。
27 『改正三河後風土記』「神君大高城御退却之事」、成島司直、江戸時代後期。
28 軽率な行動をすることの意味。
29 『改正三河後風土記』、成島司直、江戸時代後期。「石瀬・沓掛・十八町」による。
30 知立から刈谷に至る街道のうち、刈谷に近い辺りを十八町畷と呼ぶ。
31 『寛政重修諸家譜』、幕府編纂、一八一二年。同書によれば、水野忠重の次男がおり、嫡男勝成と同母は都築吉豊の娘としている。
32 緒川水野氏居城は、緒川城（東浦町）と刈谷城と一ケ所あり、水野忠政、信元を宗家とする場合において緒川城を居城としていた説と刈谷城とする説がある。片山家文書では、忠重は刈谷城より鷲塚へ来たとしている。
33 信長に鉄砲製造技術・射撃の腕前で召し抱えられたとされる。信長の宿老を務めた。
34 承久三年（一二二一年）の承久の乱以後、鎌倉幕府は三河に、北条家と縁戚の強い足利一門を守護に任じていた。吉良、今川、一色、細川、仁木は、名を変えた足利一族である。
35 『神有郷土記』、山田九郎著、一九三〇年。神有は鷲塚村の一部であった。
36 『桜井の歴史』、桜井の歴史編集委員会、一九七九年。

37　永禄六年（一五六三年）四月に今川氏真は、離反した家康討伐の「三州急用」という軍事費調達・徴収を行っていた。三河国内の反家康共同戦線の背景に「三州急用」があった。

38　『武徳編年集成』、木村高敦、一七四〇年。水野太郎作清久（正重・左近）の覚書内容が掲載された。

39　共同しての意。

40　戦国時代後半に定着した背中に指す旗指物。自身の存在、所属を示した。

41　馬を走らせ敵と向かい合うこと。

42　討ち取った首は、水できれいに洗い、髪をとき、薄化粧を施した。身元確認作業は慎重に行われた。実験は主に寺院で行われ、作法、儀式が確立していた。死者を弔い敬意が払われ、恩賞の基準となった。

43　真宗門徒側大将格の石川新七郎は史料により、新八や新七と記述されるものがある。

44　軍事面で特別な功労を果たした下位の者へ上位の者が賞賛するため発給した文書。

45　『土呂山畑今昔実録』、作者不明、一七六八年。同書によれば、土呂は蓮如創建の本宗寺を中心に坊舎、町家で形成され近隣の都のように発展していたと記述されている。

46　『本願寺教団展開の基礎的研究』、青木馨、法蔵館、二〇一八年。同書によれば三河の真宗教線拡大は鷲塚御坊・土呂御坊の二箇寺を拠点としている。蓮如創建の坊舎として、山科（京都）、石山（大坂）、堺（大坂）、吉崎（福井）、名塩（兵庫）、土呂（三河）、鷲塚（三河）、飯貝（奈良）、黒江（和歌山）の九つとしている。三河の土呂御坊、鷲塚御坊は、家康勢により焼失した。

47　『本願寺教団と中近世社会』安藤弥、法蔵館、二〇二〇年。

第三章　鷲塚城主水野忠重と片山家

第一節　鷲塚城主水野忠重と片山家

第一項　蓮如創建鷲塚御坊の焼失

鷲塚門徒勢が家康と戦ったとする記録は、『三河国門徒兵乱記《みかわこくもんとへいらんき》』に見られる。鷲塚御坊の門徒は、犬塚甚左衛門《いぬづかじんざえもん》を中心に本證寺に立て籠る武将や門徒とともに戦った。しかし、永禄七年(一五六四年)二月末、家康側からの寛大な和議が提案されると、一揆方は順次解体していった。抵抗を続けていた吉良義昭、酒井忠尚らは三河から追放されていった。本證寺の空誓は、矢作川上流域で山奥となる菅田和《すげだわ》[48]の岩屋に一時期は隠れ住んだことが確認されている。

五月になると、家康は「三河三ケ寺、本宗寺をはじめ、すべて一向宗寺院は宗門をかえよ」と伝えてきた。本願寺派禁制を命じたのである。こうして、三河の真宗本願寺派は壊滅状態となり、しばらく本願寺派は断絶することになった。本願寺教団の諸寺はことごとく破却、つまり寺々は取り壊しとなった。

蓮如創建の鷲塚御坊は、永禄七年二月に水野信元、忠重に攻められ焼失している[49]。鷲塚御坊焼失後、住職は尾張国知多郡へ逃れ、これまで名乗ってきた「鷲塚」の姓を隠し「杉浦」を名乗った。鷲塚の地へ戻り寺院の再建が本山より許されたのは元禄期のことだが、住職の姓は「杉浦」のまま現在に至っている。寺伝では次のように語られてきた。

岡崎の土呂御坊と鷲塚御坊は三河本宗寺として、三河三ケ寺教団の統轄として機能していた[50]。鷲塚御坊には相当の宝物があったことが想像される。焼失した仏像、経巻の多かったことは伝え聞いている。しかし、一方で攻められる前に鷲塚の門徒の方々は自宅などの民家に隠し、難を逃れた宝物も多くある。一つは「蓮如上人御自《れんにょしょうにんごじ》画《が》御影《みえい》」である。蓮如行年五十二歳、文明二年（一四七〇年）四月六日釋蓮如判とある宝物である。いまひとつは「蓮如上人・実如上人の御骨塔」である。住職の恵性《えしょう》は、両葬儀に上京し、御骨を亡き形見として頂戴し鷲塚御坊へ戻られたのである。

（『鷲塚御坊・願随寺の歴史』）

一向一揆で焼失した鷲塚御坊は広大な敷地を有していたが、後世に再建された願随寺はその一部が敷地で、鷲塚本郷中心部の元々の鷲塚御坊の敷地は徳川家康より片山遵智《のぶとも》・於亀に与えられた[51]。片山家や鷲塚村人は、家康公より御朱印地としていただいた敷地であることが公言されてきた。

鷲塚村屋敷地、家康公ノ御朱印也《ごしゅいんなり》
公（家康）折々當家御入《おいり》　於亀様トモ親シク被遊候由《あそばされそうろうよし》
公ヨリ賜ル品、鶴の画軸《がじく》、菓子《かし》入類《いりるい》[52]、ナツメ、
岡崎表ヨリ御斎富士石岩船手水石《いわふねちょうずいし》、御刀《おんかたな》等

（『片山家文書』「覚」）

江戸時代（年代不明）の鷲塚村絵図では、村の中央に五反余りの片山屋敷が確認できる。家康公の御朱印地とは、幕府が安堵した（領有権の承認）土地ということである。家康が片山家へ下賜《かし》した品々が記述されている。鷲塚村片山家は十代遵通、十一代勝高と相次いで当主を亡くしたが、十二代遵智は成長すると水野忠重の配下に属した。

第二項　鷺塚城主水野忠重

鷺塚村片山家で居候をしていた水野忠重、太郎作らは、一向一揆後も水野信元のもとへ戻ることはなく、家康配下の武将として独自の道を歩き始めた。鷺塚村内に神有《かみあり》という集落があるが、同地区の『神有郷土記』[53]に一向一揆後の忠重の立場が記述されており、同書「當村之沿革及傳説」から鷺塚村の支配領主の変遷をうかがうことができる。

開発以来永禄四年まで吉良領たり。
永禄四年辛酉《かのととり》（一五六一年）岡崎領となる。
家康公母の弟水野惣兵衛忠重を鷺塚城主に任じ、本村を支配す。
天正八年庚辰《かのえたつ》（一五八〇年）水野忠重本家相続刈谷城主となる。
因《よ》りて、家康公は城山《しろやま》に代官を置き

鷺塚城完成と水野忠重、太郎作
想像絵図（稲垣尚人氏作）

て、天正十八年庚寅《かのえとら》（一五九〇年）まで支配される。
水野藤十郎忠重は鷲塚村の地頭となり惣兵衛《そうべえ》と名を改《あらた》める。
天正十八年庚寅（一五九〇年）より、鷲塚は西尾領となる。
（『神有郷土記』「當村之沿革及傳説」）

戦国時代の碧海郡鷲塚村は、永禄四年（一五六一年）までは吉良氏の支配を受けていたが、この年に鷲塚村は岡崎の家康支配地に変わっていた。一向一揆後、家康は水野忠重を鷲塚の地頭に任じ、鷲塚村を支配させた[54]。鷲塚村は三河湾奥の入海に突き出た半島状の先に位置する村で、三河で唯一の問丸があった隣村大浜村同様、海上交通の要地であった。鷲塚御坊が兵火で焼失する二十年程前の天文十三年（一五四四年）十一月、連歌師谷宗牧《たにそうぼく》がこの地を訪れ鷲塚の様子を記述している。

十三日、岡崎までと急がれる方がいるので、大浜称名寺の住職と住職の馬と私は一緒に大浜湊から船で鷲塚へ渡りました。鷲塚の寺内（鷲塚御坊）を一巡して、鷲塚まで見送りをしてくれた住職とは別れました。鷲塚の対岸は吉良《きら》大家《たいけ》の御里《おさと》に間違いないと思われる。ここからの眺めは、何とも言えないほどに美しい。鷲塚は、入り江の磯である。

（『東国紀行』）

谷宗牧の紀行文からは、鷲塚湊では馬を同乗させる程の大型船が利用できたことが分かる。蓮如が三河で最初に本宗寺を鷲塚に創建した背景には、知多、尾張方面から多くの参拝客が容易に訪れることのできる場所であったことを示唆していた。中世の鷲塚村は、耕地が少なく農業、漁業、舟運業、そして鷲塚御坊で成り立つ村という背景があった。片山家へ身をよせていた水野家武将の一人に太郎作清久（正重）の父清信がいた。『片山家文書』「覚」では一向一揆に際しての水野清信については、次のように伝えている。

水野左近清信殿は病気にて、
終《つい》に當家《とうけ》にて死去に候
年忌、相違無く追善《ついぜん》申すべき事

（『片山家文書』「覚」）

太郎作の父・清信は、病のため一向一揆への出陣はかなわなかった。「当家にて死去」とあり、病床に臥せた後、片山家で亡くなったと「覚」は伝えている。清信の墓地は、大塚[55]として、昭和二十六年（一九五一年）頃まで存在していた。大塚のまわりは、みかん畑であったと、地主の古老は伝えている。大塚の丘は地元では天目山《てんもくざん》と呼ばれ、親しまれていた。天目山はその後、新制中学校用地へと姿を変えたため現在はない。神有の古地図では、大塚の正確な位置が確認できる。旭中学から名を変えた碧南市立東中学校正門東側の場所付近である。

水野家の人々の一向一揆後の居所は『片山家文書』「水野《みずの》太《た》郎作殿御《ろうさくどのご》由緒事《ゆいしょごと》」[56]に記されている。

ここから鷲塚村での住居位置、生活者の確認ができる。於亀の片山屋敷は人々であふれ、片山家は二本木荒子（間無山）から鷲塚八町（碧南市鷲塚町）の家康からいただいた屋敷地へ移った。以前からの片山屋敷には水野太郎作の家族が住んだと読み取ることができる。鷲塚城と呼ばれる砦には忠重家族や家臣らが移り住んだものと推測される。さらに「水野《みずの》太《た》郎作殿御《ろうさくどのご》由緒事《ゆいしょごと》」には、以下の記述がある。

片山遵智《のぶとも》（甚右衛門）の倅《せがれ》である片山道智（八右衛門）には水野勝成（水野《みずの》日向守《ひゅうがのかみ》）

太郎作殿御由緒事（片山家菩提寺鷲塚遍照院蔵、著者撮影）

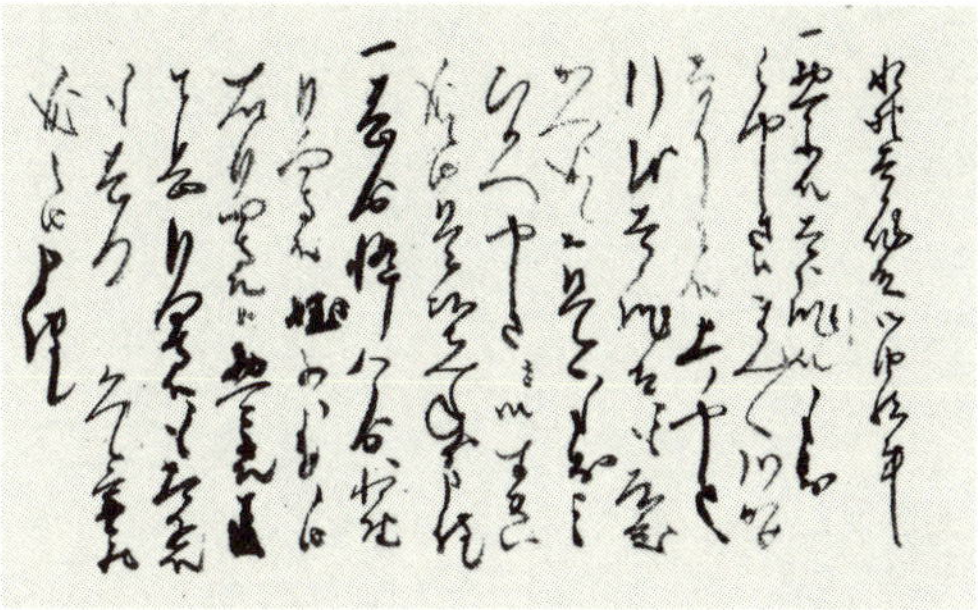

水野太郎作殿御由緒事
一惣兵衛殿、太郎作殿、手前
之やしきハまんまん川かけニ
なり候故上之やしきへ
引越、太郎作殿ニも屋敷
かへニ成候而、是御手前之、
ひかへやしきニ御すまい
被成候由、是地先手合申伝候、
一甚右衛門悴八右衛門へ水野
日向守殿姪子被遣候由
右日向守殿ハ惣兵衛殿
子息、日向守殿ニにも左近殿
ニも甚右衛門にて牢居
被成候由申伝候、

の姪子《めいっこ》（水野忠清の娘）が嫁に遣わされた。水野日向守殿は、惣兵衛（水野忠重）殿の御子息である。日向守殿（水野勝成）にも左近殿（水野義重）にも甚右衛門（片山遵智）にて牢居なされていたと申し伝えた。

この「水野太郎作殿御由緒事」は、江戸時代になり紀州藩が水野家菩提寺の乾《けん》坤《こん》院《いん》（知多郡東浦町）を通して、鷲塚村片山八次郎に水野太郎作の由緒を確認したことへの返事の写しである。この「水野太郎作殿御由緒事」には、於亀の片山屋敷に幼い時期の水野勝成、水野義重らが牢居していたとある。水野勝成の出生地について文化九年（一八一二年）幕府編纂の『寛政重修諸家譜』では「苅谷《かりや》」とある。しかし、昭和四十一年（一九六六年）土肥日露之進《どひにちろのしん》氏（福山市）は、研究ノート「水野勝成苅谷誕生誤伝説の火元」を発表している。それは、水野勝成自身の「覚書」「水野氏系図」に勝成の出生地の記録がなく、その後一六〇年間に書かれた水野氏関連の書籍、伝記には一切書かれていない生誕地がなぜ『寛政重修諸家譜』に記載されたか、同書の編纂過程で誰が[57]「苅谷《かりや》」と書き加えたかを明らかにする研究であった。

土肥氏は水野勝成菩提寺の賢忠寺（福山市）からの問い合わせに、深津郡木之庄村庄屋・岡本弥次兵衛が自家の水野家の記録を写本する際、「苅谷ニ而御誕生《かりやにてごたんじょう》」と書き込んだことを明らかにしている。土肥氏は、岡本弥次兵衛は思い込みと親切心から書き込んで、賢忠寺へ届けたのであろうと推測しており、土肥氏自身は勝成の生誕地は岡崎であろうとしている。

近年になり解読された『片山家文書』となる「由緒書」「片山家系図」「覚書」「過去帳」「追善記録」を根拠とすれば、水野勝成、水野義重[58]（左近）らの生誕地は鷲塚村と読み取ることができる。さらに水野勝成の生誕を永禄七年八月十五日とするなら母・都築吉豊の娘が勝成を身ごもったのは、父・水野忠重が岡崎城へ出陣していく頃と考えられる。

永禄七年（一五六四年）三河一向一揆が終わると、家康は忠重を鷲塚の地頭に任じている。片山屋敷は忠重の家族、太郎作の家族、新たに召し抱えた家来[59]で人々があふれ、川の字になって寝ていたとしている。水野忠重の居館・鷲塚城はこの時期に築城されている。『神有郷土記』によれば「忠重は、これまでは藤十郎を名乗ったが、この時より惣兵衛と改めた」としている。

鷲塚城は三方を東浦の海で囲まれた半島部分に築かれていた。碧海郡南部の海岸線は、慶長十年（一六〇五年）の矢作新川開削までは入り江の多い形状で、近隣の三河武士の砦城も同様に碧海台地が海に突き出た部分の崖の上に位置していた。永井《ながい》直勝《なおかつ》[60]の東端城《ひがしばたじょう》（安城市東端町）、徳川十六神将の一人米津常春《よねきつつねはる》の米津城（西尾市米津町《よねづちょう》）は、油ケ淵成立以前の北浦の海に突き出た場所に砦城が築かれており、いずれも海を利用した要害であることが興味深い。

永井直勝の東端城と北浦の入り江を挟んだ二本木荒子側の海に突き出た場所に、片山遵智と母於亀の片山屋敷はあった。直勝の東端城と二本木荒子の片山家は、北浦の入り江を挟んで目と鼻の先ほどの距離にあり、遵智は永井直勝の娘（養女）を妻に迎えている。戦国時代に城館のあった東端城跡、米津城跡、片山屋敷跡であった場所は、現在はいずれの敷地も神社となっている。

愛知県教育委員会発行書籍では、三河鷲塚城を次のように報告している。

三河鷲塚城

所在地　碧南市尾城町二丁目
旧表示　碧海郡鷲塚村城山
地名等　城山
　立　地　台地端・標高五メートル（比高四メートル）
　現　状　宅地
　遺　構　なし
　規　模　東西二六〇×南北二〇〇間〔旭村誌〕
　保　存　滅失（宅地化・一部埋没）
　時　期　永禄五年（一五六二年）～天正八年（一五八〇年）

城　主　水野藤十郎忠重〔市史による〕
文　献　三河誌・旭村誌・市史・絵図・調査歴なし
概　要
　この城は、侵食谷を中央に挟んで南へ突き出たふたつの半島の半島状台地にあったという。西の丘は「水野様の馬場」ともいわれ、居館は東の丘にあったという。『旭村誌』[61]に東の曲輪は東西五〇間、南北一五〇間、低地との比高四間とある。
（『中世城郭跡調査報告Ⅱ』）
　水野忠重が城主を務めたのは永禄七年（一五六四年）～天正八年（一五八〇年）であった。
　忠重が本家相続で刈谷城へ移ると、家康は代官を置き支配したが天正十八年（一五九〇年）家康の関東移封により廃城となった。

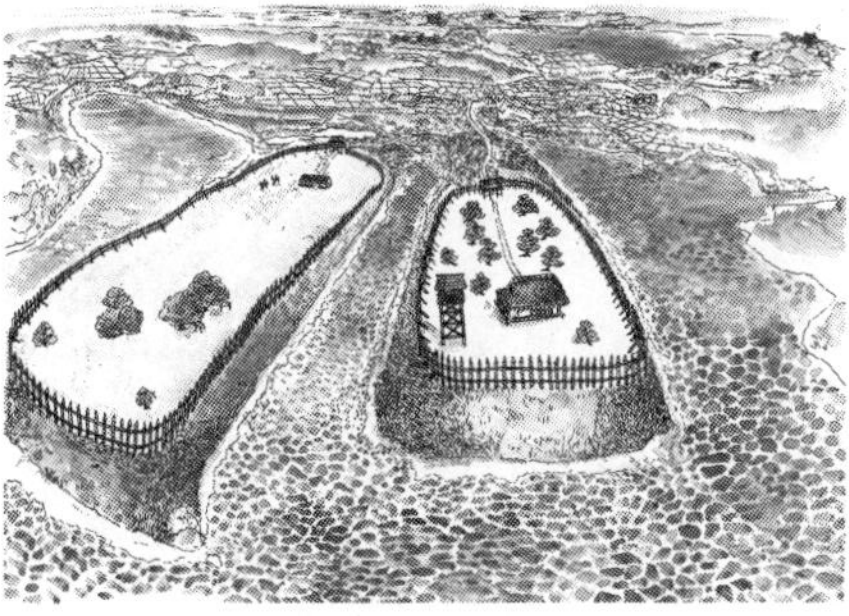

鷲塚城想像絵図（稲垣尚人氏作）

鷲塚城が築かれた時代は、戦国時代まっただ中では、全国に「城」は二万から三万はあったと推計されている。「城」の数は信長・秀吉の時代に入ると三千ほどに減少し、個々の城郭の規模は拡大し、築城にあたり石垣、水堀、瓦屋根を取り入れるなどの変化が始まっていた。瓦屋根は本来仏教文化として寺院建築に使用されてきたが、三河ではこの時期に城郭の瓦生産・屋根葺きをしたとする瓦師の伝承[62]が確認されている。

鷲塚城が存在した現在の鷲塚神有地区にわずかに残された痕跡は、「城山」「大塚」などの地名だけである。鷲塚城の子どもらが馬遊びをしていたとする「馬遊《まゆう》」の地名も残されていたが、昭和四十八年（一九七三年）頃の町名変更で過去のものとなった。平成三十年（二〇一八年）地元の篤志家《とくしか》が、せめて石碑として鷲塚城の史実を残せないものかと計画に奔走した。現在は、推定場所近

水野忠重鷲塚城跡
記念碑（著者撮影）

馬遊想像絵図（稲垣尚人氏作）

くに石碑が建立されている[63]。

第二節　水野家の断絶

第一項　武田勢の三河侵攻

永禄十一年（一五六八年）、織田信長は足利義昭を奉じて上洛した。信長は義昭を将軍とし、義昭の命令として越前朝倉義景《あさくらよしかげ》に対して上洛を二度にわたって命じた。しかし、義景はこれを拒否した。越前は、織田領である美濃と京都に近く、織田信長は朝倉義景を服属させる必要があった。将軍義昭の命に服さないとする朝倉義景は織田・徳川軍に越前出兵の口実を与えてしまった。

元亀元年（一五七〇年）北近江の浅井長政は、信長の妹・お市の方が輿入れした縁戚関係であったが、突如朝倉家に加勢する事態へと展開した。織田・徳川連合軍は、浅井・朝倉連合軍と同年七月三十日、姉川の河原で合戦となった。この姉川の戦いで朝倉・浅井は弱体化したが、甲斐の武田信玄・比叡山延暦寺・本願寺顕如・雑賀衆らは、信長包囲網を形成する機運を高めていった。

元亀三年（一五七二年）十二月、武田信玄は信長包囲網を形成する勢力が京の周辺にいたので、三河へ出て東美濃を経て京へ攻め上ろうと三方ケ原《みかたがはら》（浜松市）へ攻め込んだ。信玄勢は三万、対する家康勢は八千であった。水野信元はこの戦いに援軍として参陣していた。信元は敵の数の多さから籠城戦を主張し、野戦にこだわる家康と対立したが、家康は野戦を選択し結果として大敗北を喫した。家康は夏目吉信《なつめよしのぶ》が討ち死にする間に、かろうじて浜松城へ逃げ帰っている。水野信元は野戦で敗走し憔悴した家康に代わって指揮を執り、夜の浜松城に松明をたき鉄砲隊を配して武田勢を威嚇することで、窮地を脱することに貢献している。

その後、信玄は井伊谷《いいのや》（浜松市）から長篠へ出て野田城（新城市）に攻めよせているが、この間に病気となり野田城落城後は京へ攻め上ることができなかった。武田信玄は甲斐（山梨県）へ引き揚げる途中の平谷波合《ひらやなみあい》（長野県阿智村《あちむら》）で亡くなっている。信玄の遺言である「死後三年喪を隠す」[64]ことに後継者・武田勝頼は従い、天正三年（一五七五年）四月、遠江・三河に向け攻撃を開始した。

奥平信昌は、「いよいよ逃れ得ぬ道に来てしまった。誰か我に先立って命を軽んじ、この城を抜け出て信長卿へこの旨を伝えてほしい。落城すれば、一人として残るべき命ではない」と申された。鳥居強右衛門《とりいすねえもん》は、進み出て、「諸卒《しょそつ》の急難を救いたい。私には母と幼い子供が一人いますが、御運が開き御恩賞がいただけますなら子どもはほどほどの才の者ですが、その後のことをよろしくお願いします。今夜この城を抜け出ることができたなら、向かいの山（雁峰山《がんぼうさん》）から狼煙《のろし》を上げます」と言って出発した。

翌朝、合図の狼煙が上がるのを見た城内からはおびただしい気勢があがった。

（『甫《ほ》庵信長記《あんしんちょうき》』[65]）

武田側から徳川方へ離反した奥平信昌《おくだいらのぶまさ》以下五百の将兵で守る長篠城を一万五千の大軍で包囲した。奥平信昌は兵粮米家屋を火矢で焼かれ、落城を目前としたことから城内で援軍の要請を将兵らに諮《はか》ると、鳥居強右衛門が名乗り出た。

四月十五日昼、鳥居強右衛門がたどり着いた岡崎城家康のもとには、すでに信長の援軍三万が到着していた。信長に長篠城の様子を言上すると、強右衛門は城中を力付けたいと長篠城へ立ち返った。しかし、長篠城を前に武田方に捕えられてしまった。信長の援軍が来ることを知った武田勝頼は、援軍到着前に一刻も早く城を落とす必要性に迫られた。勝頼は、強右衛門の命を助けるばかりか、家臣として厚遇することを条件に「援軍は来ない。あきらめて城をわたせ」と叫ぶよう命令した。強右衛門は勝頼の命令を表向きは承諾し、長篠城西岸の見通しのきく場所へ引き立てられた。

城を抜け出す時より死を覚悟していた強右衛門は、城内に向かって「あと二、三日のうちに織田・徳川の援軍が来る。それまでの辛抱である」と勝頼の命令とは逆のことを大声で叫んだ。これに怒った勝頼は強右衛門を磔《はりつけ》にして殺した。強右衛門の命を賭した忠義を見た城兵の士気は大いにあがり援軍到着まで落城することはなかった。五月二十一日の夜明けから長篠の本戦が始まった。

信長公先陣へ御出《おいで》あって、家康卿《いえやすきょう》とご覧じはかられて、兼ねて定めて置かれたもろ手の抜き鉄砲三千挺《てっぽうさんぜんちょう》に、佐々成政《さっさなりまさ》、前田利家《まえだとしいえ》、福富秀勝《ふくずみひでかつ》、塙直政《ばんなおまさ》、野々村正成《ののむらまさなり》、この五人をさし添えられて、敵馬《かたきうま》が入って来たならば、間一町《あいだいちちょう》までも鉄砲を撃たすな。間近く引受け、千挺ずつ放ちかけ一段ずつ放ちかけ、立替わり、立替わり打たすべし。敵なお強く馬を入れ来れば、少し引き退き、敵が引けば、敵を引き付けてから打たせよと命令をされた。（『甫庵信長記』）

信長到着の報を受けた武田方は軍議が開かれた。『甲陽軍艦《こうようぐんかん》』[66]では勝頼側近の跡部《あとべ》勝《かつ》資《すけ》、長坂光堅《ながさかこうけん》らは主戦論を主張し、山県昌景《やまがたまさかげ》、馬場信春《ばばのぶはる》、内藤昌秀《ないとうまさひで》らは撤退を進言したとあるが、武田勝頼は織田・徳川連合軍との決戦を選択した。

織田・徳川連合軍は長篠城手前の設楽原《しだらがはら》に布陣すると防御陣を構築し、三重の土塁《どるい》、馬《ば》防柵《ぼうさく》を設けるという、これまでの野戦の常識を超えた野戦築城の策を取った。鉄砲を主力とした守りの策であるため、武田勢をこの地に誘い込み攻撃をさせる必要があった。織田方が馬防柵から十町ばかり五名の者を引き連れ、前へ出て武田勝頼の軍中へ鉄砲を打ちかけると軍中では色めき立った。武田勢の先駆け大将は山県昌景という剛の者であった。三千余騎で太鼓を打って押し寄せたが、三千余騎の兵の過半が打倒され残り少なくなったところで引き下がった。二番手は武田信玄の弟・武田信廉《たけだのぶかど》で、音もせず押してきた。五人が命令をし、三千挺を入れ替え、入れ替え打たせたので、武田勝頼の旗本は引き下がった。三番手は小幡信定《おばたのぶさだ》の部隊、四番手は武田信繁《たけだのぶしげ》、五番手は馬場信春であった。武田勢はついに一度も利を得ることはなかった。武田氏は長篠の戦いで重臣の多くを失うことになり、織田・徳川は本格的に武田領への侵攻を開始した。この戦いで織田信長は天下人と目され、徳川家康は三河の実権を握ることになったが、徳川家、水野家には悲劇が訪れようとしていた。

第二項　讒言《ざんげん》による水野家の廃絶

ある大事件が起こった。概略をふたつの文書から確認したい。事件の起こりは長篠の戦い以前にあった。

元亀三年（一五七二年）七月、上洛をめざす武田信玄は、信長の動きを抑えるために秋山虎繁《あきやまとらしげ》を将とする一軍を信濃から美濃へ入れ、恵那郡岩村城を攻略させていた。岩村は三河・尾張への道の分岐点にあたり信長・家康の本国をうかがう戦略上の要地であった。当時の岩村城主遠山景任《とおやまかげとう》の妻は、信長の叔母おつやの方であった。この年八月、景任は病没し血統が絶えてしまった。信長は自らの八男・織田勝長《おだかつなが》（御防丸）を養子として送り込み、おつやの方を後見人とした。しかし、同年十月になると岩村城は秋山虎繁の武田勢に包囲されてしまった。城主となっていた信長の叔母・おつやの方は、秋山と婚姻するという条件で降伏した。岩村城に籠城していた者は以後武田氏に仕えることになった。秋山は織田勝長（御防丸）を人質として信玄のいる甲斐へ送っていた。

長篠の戦いで武田勢が弱体化したことで秋山虎繁が占領していた岩村城は、信長勢が包囲することになった。攻城戦は、城内の兵粮が枯渇する中で城兵はよく持ちこたえ、武田勝頼の援軍を五ヶ月に及んで待ち続けた。城兵は密かに武具や諸道具を城から持ち出して、近隣から食料を調達するようになった。刈谷・緒川にても諸道具と食料の交換に応ずる者が相当あり、うわさが立った。

水野信元と仲が悪かった佐久間信盛はこれを好機とし、信元が秋山に味方して食料を供給していると信長に訴えた。信長は信元に使者を送ったので、驚いた信元は弁解のため家老一人を使者に同道させた。ところが道中であろうことか使者と家老は酒を飲んで喧嘩となり、双方ともに死んでしまった。信元は申し開きや弁明の機会を失ってしまった。

（『松平記』）

岩村城攻略の頃、水野信元と佐久間信盛はともに相手を不快に思っており、折々に言い争いになっていた。信盛は、岩村城兵が粮米《ろうまい》を信元領で入手したとのうわさを聞くと、大いに喜んだ。さらに各所でうわさを広めるように計らい、その後信長に「君は、いまだ聞きし召されざるや」と事細かに真実であるかのように申し述べた。信長がそのうわさを役人に命じ聞きただすと信盛の話と一致したことから、信元に確認するため使いとして尾藤三郎《びとうさぶろう》を刈谷へ送った。信元は、信長に陳謝するため近松長兵衛《ちかまつちょうべえ》を同道させたのであるが、両人は旅宿にて酒の酔いに乗じて互いを討ち果たしてしまった。

信長は大いに怒り、家康に「信元の反逆が露見したから信元の首を送るよう」伝えた。信元は家康に、信長の怒りが収まる時節までかくまってもらう腹積もりであったが、信長は家康に「早く信元を誅し給え」と矢の催促をした。家康はやむを得ず久松《ひさまつ》俊勝《としかつ》を使いに信元を大樹寺へ招いた。信元は家康により浜松へ送られるだろうと予想していたが、松応寺《しょうおうじ》辺りで待ち伏せをしていた平岩親吉《ひらいわちかよし》[67]に討ち取られた。信元の従者十人余りは、刀を抜いて平岩に斬りかかったが、家康の御家人等に従者等は残らず討ち取られた。

(『改正三河後風土記』)

刈谷城主・水野信元は、桶狭間合戦で松平勢を大高城の窮地から助けた。家康と信長の間にあって清州同盟の仲介者となり、家康の三河平定、信長の天下布武《てんかふぶ》[68]に協力をしてきた。ところが水野信元は、天正三年（一五七六年）十二月二十七日に殺害されるという事件が起こった。水野信元の殺害は戦国末期の悲劇であった。同じ織田信長家臣団とはいえ、内部での相剋にも打ち勝たねば生き残れない時代を想像させる事件である。佐久間信盛の讒言《ざんげん》とする歴史書が多く、通説は水野信元が武田氏と内通した事実はなく、信長に自身に都合よく偽って信元を陥れたとされている。

『寛永諸家系図伝』には、「信元下野守　三州

岩村城（著者撮影）

苅谷城主。天正三年（一五七六年）十二月二十七日、信長のために害せらる。法名太英鑑光」と事実のみが簡単に記されている。『岡崎市史』では、信長の命令が絶対的な状況であったことを伝えている。

佐久間信盛は、織田家臣団の筆頭家老として家中を率いる人物であった。織田信秀に仕え、幼少の信長につけられ一貫して信長を支えてきた武将であった。

水野信元と信元の養子・信政が誅殺されたことで水野家は断絶し、これまでの水野領および刈谷城は佐久間信盛が領有することになった。また、緒川城は廃城となった。信元の弟・水野《みずの》忠勝《ただかつ》[69]は武田氏との手紙が発覚し、自害に追い込まれている。同・水野《みずの》忠守《ただもり》[70]は身を隠したとされる。

第三項　松平信康の自刃

織田信長の怒りの矛先が家康正室・築山殿、さらに嫡男・信康《のぶやす》に向けられる事件が起きた。天正七年（一五七九年）八月のことであった。

三日　丙子《ひのえね》　浜松より家康が岡崎へ来られた。
四日　丁丑《ひのとうし》　夜より雨降り。御親子は争論で物別れとなり、信康は大浜へ御退《お》きになった。
十日　御命令で小姓衆五人が信康と大浜より遠州の堀江城へ行かれた。家康より岡崎へ来るようにとの鵜殿善六郎重長の御使いがあって岡崎へ行った。各国衆が信康へ内通しない旨の起請文を御城にて書いた。
（『家忠日記』）

家康も自分の子ながら器といい、親みずからお持ちになっている勇敢さは、のこすところなくお持ちになっておいでだったので、惜しくお思いになるのは山々だったけれど、信長に従わねばいたしかたない時だったので、あれこれ言うこともなく腹を切らせた。上下みなが、声を上げて泣き悲しんだ。信康には　二人の娘がいた。
（『三河物語』）

徳川家康に嫡男・信康を切腹に追い込むという悲劇が起きた。徳川信康の正室は織田信長の娘・五徳《ごとく》（徳姫）であった。五徳は父・信長に対して十二ケ条の手紙を書き、使者として信長のもとに赴く徳川家の重臣・酒井忠次《さかいただつぐ》に託した。手紙には信康と不仲であること、築山殿《つきやまどの》（家康の正室）は武田勝頼と内通したと記したとされる。

『家忠日記』からは、この事件の流れと家康から家臣への指示が読み取れる。『三河物語』には、家康は信長の怒りをおさめることはできないと判断し、ついに築山殿と信康の処断を決断したとある。

第四項　水野忠重による水野家の再興

織田信長は水野信元の旧領を佐久間信盛に与えた。しかし、五年ほどして信長の矛先が今度は佐久間信盛に向かうことになった。

　水野信元死後の刈谷を与えておいたので、家臣も増えたかと思えばそうではない。それどころか水野の旧臣を追放してしまった。一人も家臣を召し抱えていなかったのなら、追放した水野の旧臣の知行を信盛のものとしており、言語道断である。

（『織田信長覚写』）

この城を佐久間信盛に与えらるといへども、信盛追放されてのち、忠重を招き、その家を継がせらる。

（『寛政重修緒家譜』「水野忠重」）

二十三日　庚寅、水野惣兵衛殿は刈谷へ領地を上様より下されたので（刈谷城へ）入城した。音信に二人をつかわした。

（『家忠日記』）

水野信元が誅殺された翌年の天正四年（一五七六年）、佐久間信盛は石山本願寺戦の指揮官に就任した。しかし、信盛は石山本願寺に対して積極的な攻勢に出ず、戦線は行き詰まりを見せていた。本願寺を支援する毛利、村上水軍による兵粮、弾薬の輸送は継続されていた。信長は九鬼嘉隆《くきよしたか》に大砲を装備した鉄板装甲の巨大安宅船《あたけぶね》七艘の建造を命じた。嘉隆はこの大船で毛利水軍を木津川河口にて撃破している。これにより信長方は、石山本願寺への物資流入を遮断することに成功した。

天正八年（一五八〇年）、信長は朝廷を動かし、石山本願寺と和睦して十年続いた戦いに終止符を打った。信長は、佐久間信盛・信栄《のぶひで》親子が長期にわたり本願寺攻略に何ら功績をあげなかったことに不満を持っていた。信盛は信長に対し、申し開きに終始していたが、信長はついに厳しく叱りつける「折檻状《せっかんじょう》」を佐久間父子に突きつけ、高野山へ追放した。

さらに水野信元の件は、佐久間信盛が陥れようとした讒言と判断するに至った。信長は佐久間信盛を追放し、『寛政重修諸家譜』にあるように家康の配下にあった鷲塚城主・地頭の水野忠重を刈谷城へ入れて水野家再興を託した。

『家忠日記』では、天正八年（一五八〇年）九月二十三日の日付で忠重が信長から預けられた刈谷城へ入城したことを伝えている。日記を残した松平家忠の妻は、水野《みずの》忠分《ただわけ》[71]の娘で、忠重と家忠は親戚筋という関係であった。

忠重の兄である忠守、忠分も復権することができた。兄・信元の後継を信長に命じられた水野忠重は、信長の嫡男・信忠の軍団に組み込まれた。この後、家康の高天神城攻めに加わり、たびたび信長との連絡役を務めている。『寛政重修諸家譜』にある忠重の由緒には、この頃から攻城軍の目付・軍監として徳川につけられたとする記述が見られる。

水野忠重は兄・信元と不和になり三河鷲塚村で牢居の後、徳川家康に奉公をし、鷲塚城主となっていた。居候の身であった忠重が家康の「我が陣営にあるべし」との誘いを受け入れて十七年後のことであった。

48　現在の豊田市新盛町中洞。本證寺十世空誓は、妻子を伴い、足助の香嵐渓から七〜八キロメートル離れた大きな洞穴に隠れ住んだと伝承されている。

49　『鷲塚御坊・願随寺の歴史』、杉浦亮厳、長谷川活版所、一九三〇年。

50　『本願寺教団展開の基礎的研究』、青木馨、法蔵館、二〇一八年。同書では、鷲塚御坊には土呂本宗寺とは別に永正十七年（一五二〇年）に本宗寺の寺号が存在したことを明らかにしている。

51　片山家は吉良氏へ従う六代忠光の頃より、廻船、漁業、農業で蓄財をしたと伝わる。天台宗和国寺を創建し、守護神として三面大黒天を奉り、護摩供養を厳修したと伝わる。三面大黒天は、江戸時代に伝通院末寺浄土宗寺院へと改宗された遍照院に奉られている。

52　菓子入類はお菓子の種類に入るものという意。

53　山田新兵衛家所蔵文書、成立年未詳。同書は、大正期頃、新兵衛家子孫の山田九郎が先祖の記録を写したもの。鷲塚・神有地区の歴史書で、合わせて山田家が江戸時代初期に鷲塚村神有地区へ伊勢山田より移り住み、同家は豪農として新田開発、新堀川工事、大塚山応春寺創建などで活躍したことが記述されている。

54　家康は、永禄八年（一五六五年）三月までに今川氏の軍勢を三河より全面撤退させ、本城枝城体制の整備、民政・訴訟を担当する三河三奉行の設置、城下町整備、徳川改姓、叙位任官、寺社の統制に全力を挙げている。この時期に忠重は、惣兵衛忠重と名を改め、鷲塚村地頭を任され、鷲塚城（碧南市尾白町）は整備されたと推測される。

55 永禄八年（一五六五年）亡くなった清信は大塚に埋葬された。春応と号する墓守が庵を結びここに住み着いたという。江戸期に入り神有の人々は、墓守の子孫を住職とする、大塚山応春寺が創建された。明和五年（一七六八年）水野忠友の大浜藩が立藩された後、水野家は応春寺に銀の香炉を下賜している。

56 紀州藩付家老となった水野太郎作正重がなぜ鷲塚に御牢居されていたかの問い合わせ、尾州乾坤院を通してなされた。その際、鷲塚片山家は『水野太郎作殿御由緒事』を渡しており、その写しである。戦国時代、江戸時代初期の状況、由緒の問い合わせは代官所、西尾藩などから片山家へしばしばあったことが同家文書から確認できる。

57 備後国深津郡木之庄村庄屋岡本弥次兵衛が、賢忠寺（福山市）の求めで献納した記録に「三州苅谷ニ而御誕生」と善意で書き加えたため、その後の書籍が踏襲したとしている。

58 水野太郎作清久（正重）の息子。徳川頼宣に従い紀州藩附家老の一人となる。

59 備後福山藩水野勝成家臣、浅沼作兵衛は、江戸時代初期、棚尾村（碧南市）妙福寺に本尊阿弥陀如来を寄進している。妙福寺毘沙門天（三河七福神）は、家康が戦勝祈願したとされ、浅沼も鷲塚城の時代から毘沙門天に参拝したものと思われる。

60 永井直勝（一五六三年〜一六二六年）碧海郡大浜郷長田重元の次男。小牧・長久手の戦いで池田恒興を討つ。家康から東端城を与えられた。

61 『旭村誌』山田九郎、一九〇六年。同書は、鷲塚村、伏見屋村、志貴崎村が合併し、旭村が発足しており、同地域の歴史が記述されている。同村は、昭和二十三年（一九四八年）大浜町、新川町、棚尾町と合併し碧南市となった。

62 碧海郡桜井藤井村の瓦師岩瀬家は、松平家菩提寺（大樹寺）屋根瓦や石川数正・康長親子による松本城瓦工事を請け負ったと伝承されている。

63 篤志家（高橋祐治氏・八十九歳）が記念碑設置を碧南市に申し出て、公園内に石碑設置が進められた。石碑文字は水野勝成が父忠重の菩提寺として創建した広島県福山市賢忠寺二十二代住職水野鶯巌氏が揮《き》毫《ごう》した。令和二年（二〇二〇年）二月五日、石碑除幕式が行われた。

64 武田勝頼は信玄が存命していることを装い、信玄の署名で石山本願寺、足利義昭などに書状を送っている。一方で信玄死去の噂は広がりを見せていた。

65 『甫庵信長記』、小瀬甫庵、一六〇四年。

66 『甲陽軍鑑』、春日惣次郎、一五八五年頃。同書は甲斐武田家の戦略・戦術を記した軍学書。

67 徳川十六神将の一人、『三河後風土記』の著者。家康嫡男信康の補佐役、信長により信康の切腹が家康に要求されると、自らの首を信長に差し出すよう求めたとされる。

68 織田信長が理想として掲げ、旗印にも用いた言葉。天下を武力で平定するという意味があった。

69 水野忠政の子で水野信元、忠重、於大は異母兄弟。

70 水野忠政の四男。末弟の忠重による水野氏の再興までの動向は不明。

71　忠重の兄。織田信長直属の配下であったため、水野信元の粛清とは距離を置くことができていた。有岡城の戦いで戦死。

第四章　家康が求めた元和《げんな》偃武《えんぶ》

第一節　織豊《しょくほう》時代の終焉《しゅうえん》

第一項　信長の時代と『水野《みずの》左《さ》近《こん》覚書《おぼえがき》』

戦国時代は一般的に、応仁元年（一四六七年）の応仁の乱に始まり、織田信長、豊臣秀吉の時代を経て慶長二十年（一六一五年）の大坂夏の陣までとする説が有力である。元号を変える改元《かいげん》は本来朝廷の権限によるものであったが、徳川家康の命により幕府はこの権限に介入し、大坂夏の陣の後、元号は七月十三日に「元和《げんな》」と改められた。「偃武《えんぶ》」とは武器を偃《ふ》せて武器庫に収めるという中国古典『書経《しょきょう》』に由来する漢語である。この章では、元和という平和（偃武）な時代が訪れるまでとその後の徳川家康や鷲塚片山家へ牢居していた水野家の人々の動向を述べていきたい。

信長は同盟関係にある家康とともに、上洛以後も敵対する反信長勢力との戦いを展開した。水野忠重、太郎作らは一向一揆をきっかけに家康への奉公を始めると、以後は戦いの連続であった。

忠重の嫡男・勝成と水野太郎作清久は、従軍した当時を自身の「覚書」として希少な一次史料として書き残していた。これら「覚書」は、太田牛一が信長の側近として『信長公記』を「覚書」として書き上げた同時期でもあった。

この第一項では、水野忠重とともに鷲塚村片山家で牢居をしていた水野太郎作清久が残した『水野左近覚書』を中心に、従軍した合戦の一部を取り上げ、掛川城[72]攻め、三方ケ原の合戦、小谷城の戦い、有岡城の戦いから信長の時代を検討したい。

掛川城を御攻め成された事

遠州掛川の城攻めを家康公が成された時、信長公御家中の日根弥吉《ひねやきち》と申す者と城中へ攻め入ったところの二の丸と本丸との間で出会った。弥吉は「其方《そちら》は、家康御家中の何という者か」「某《それがし》は日根弥吉と申す者である。某のことは、家康公もよくご存じである。某は首を取って家康公に拝謁《はいえつ》するつもりである」と話した。互いに会釈をすることもなく、二人で組んで首を取ることになった。日根弥吉が首をかき、立ち上がる時に敵の一人が来た。敵は、半間《はんげん》（一メートル弱）ほどの距離で、太郎作の腰のゑびら[73]を射貫いた。一命に関わる重傷であった。権現様（家康）は、丸山清林《まるやませいりん》と申す外科を呼び寄せて下さった。そして、如何《いかが》したらよいかと清林に尋ねて下さると、清林は「大事のところを矢は少しよけていました」と申した。権現様は、「何としても太郎作の命があるように」と清林に重々頼んで下さった。非常にかたじけないことであったと感謝しているしだいである。

（『水野左近覚書』）

この戦いは、勢力の衰えた今川領を駿河《するが》（静岡県中部）は武田信玄に、遠江《とおとうみ》（静岡県西部）を徳川家康に分割するという密約があったとされる侵攻である。武田信玄がこの年の十二月六日、駿府《すんぷ》（静岡市）の今川館《いまがわやかた》へ乱入すると、今川氏真《いまがわうじざね》は朝比奈泰朝《あさひなやすとも》の掛川城へ逃れていた。これに呼応して同月十二日以降、家康は七千余の兵で掛川城を攻めた。しかし、堅固な掛川城を攻略することは容易ではなかった。水野太郎作は掛川城攻めに臨んだが、一命を落とすほどの負傷となった。太郎作は合戦現場で受けた家康の温かい配慮を記していた。

掛川城攻めは長期戦の様相となり、家康は和睦による開城を決断せざるを得なかった。五月六日に講和が成立し、今川氏真は妻の実家である北条氏を頼り小田原へ入ることになった。通説では、掛川城の開城をもって今川氏は統治権を喪失したことから今川氏の滅亡と解釈されている。徳川家康にとって今川氏真との和睦決着は、旧国主を保護して駿河統治の大義名分を得るものであった。

反信長勢力を公言していた武田信玄は、元亀三年（一五七二年）十月三日、甲府を進発し、家康支配の遠江、三河侵攻が開始された。同年十二月の三方ケ原合戦で、太郎作は敗走する徳川勢の殿《しんがり》[74]を務めていた。

遠州三方ケ原御合戦の事

三方ケ原にて権現様と信玄公の合戦の時、初日は両軍とも足軽が出て、矢合わせ[75]と鉄砲撃ちが始まった。

翌日、旗本の合戦が始まった。火花を散らすほどの激しい合戦が五、六度あり、信玄の旗本を三度まで乗り崩したが、敵は大軍であった。味方に利がなく浜松へ引き下がることになった。敵は後を追ってきた。敵は、三里(十二キロメートル)ほども、隙間ないほどであった。太郎作一人は、何度も取って返し部隊の最後尾、殿を務めた。権現様(家康)は、一日に七度、槍を使うことの例えとして、今日の太郎作の振舞は七度の槍であるが、なかなかできることではないと誉めて下さった。権現様は、この時の奉公は一生に二度とないほどの重要な御奉公であったと常々話された。（『水野左近覚書』）

「水野左近覚書」からは、徳川家へ奉公する者への家康や家臣へ話しかけた言葉を読み取ることができる。太郎作の記述からは、家康が人間味あふれる言葉で太郎作に話しかけている様子と太郎作が家康に持つ信頼感が読み取れる。

天正元年（一五七三年）八月、水野太郎作は浅井長政の小谷城での合戦に従軍をした。天正二年（一五七四年）の正月一日、織田信長配下の諸将は岐阜へ新年のあいさつに参上した。諸将は信長に招かれて、三献の酒宴が執り行われた。その後、信長直属の将とわずかな馬回り衆だけの酒宴があった。太郎作はこの酒宴に前年の活躍が認められ招かれており、信長に拝謁させていただくことになった。太郎作は、酒宴で「世にも珍しき酒の肴」と諸将の表情を冷静に眺め、「覚」を書き残した。

江州《ごうしゅう》　小谷御合戦の事

江州（滋賀県）は信長公の手に入り、今度の合戦では権現様が粉骨を尽くされたので、信長公はお振舞い（酒食のもてなし）をされるそうで、御相伴《ごしょうばん》には御家老衆五人と今度の戦でよく働いた小姓《こしょう》[76]五人を召し連れて行くというものであった。太郎作も五人の小姓として行くことになった。太郎作がこの時、御供できたことは、一代の面目が立ったと思われた。権現様が御着座されると、酒食も出てきて、信長公もお出に成られて、小姓共は拝謁させていただき、お会いすることができた。信長公は「今度《このたび》は比類のない働きをしており、直接にお礼の言葉をしたい」と仰せられた。その後に酒宴となった。

今度は、家康が粉骨を尽くされており、珍しき肴があるので持参したとお心の内を話されると、失礼かもしれないがと、大きな三方《さんぼう》[77]に米を敷いて浅井殿の御首を黒塗りにし、目には、はくを入れ、大土器をさし添えて、権現様の前へ差し出された。

いずれも御相伴にあずかった諸大名衆もあきれて居たところ、池田勝入が前へ出て、「これは目出度御肴《めでたいおさかな》でございます」と言って、三献《さんこん》を飲み干し、思いがけないことであったが権現様へ酒を進められた。いよいよ酒宴は長くなり、信長公の御機嫌《ごきげん》は普通ではなかった。

（『水野左近覚書』）

太郎作自身は、家康、五人の家老衆と共に信長の振る舞いの御相伴《ごしょうばん》に同席した一人であったと述べている。この酒宴の席に居合わせてこの出来事を記述した人物は水野太郎作以外、筆者は知らない。太田牛一の『信長公記』巻七に箔濃《はくだみ》[78]と正月一日のめずらしい肴の記述はあるが、牛一がこの酒宴を目撃できる状況にあったのかは不明である。後に伝聞を記述したものと推測される。太郎作は諸大名の顔を眺めて、明らかに「あきれていた」ことと信長が御機嫌であったことを対比しており、太郎作にとって忘れることのない酒宴だったと思われる。

天正六年（一五七八年）七月、織田信長に従ってきた荒木《あらき》村重《むらしげ》は突然戦線を離脱し、有岡城へ帰城して謀《む》反《ほん》を起こした。この理由は、信長の部下に対する過酷な態度とする説や、村重が毛利や本願寺といった反信長包囲網に調略[79]されたとする説[80]がある。明智光秀や万見《まんみ》重元《しげもと》は村重に説得を試みたが、受け入れることはなかった。織田軍により有岡城は包囲された。信長は万見重元に指揮を執らせ、家康は城攻め加勢に侍衆を派遣し、その中に水野太郎作もいた。総構え[81]の有岡城は容易に落城することなく、攻城戦は長期化した。『水野左近覚書』によれば、籠城《ろうじょう》していた甲賀《こうが》衆《しゅう》[82]が万見重元あてに矢文を射たことから状況の変化を伝えている。矢文の文面には明日（十二月八日）日の出に、我々の持ち場より城へ乗り入れるようにと書かれており、塀柱《へいばしら》の根元を切り塀が崩れるように致すとあった。城攻め側は内通が約束されたと判断し、十二月八日、日の出時刻と決まった。ところがこの内通は実施されなかったのである。後日、甲賀衆は、その夜中に持ち場の差し替えがあったので、伝えることができなかったと弁明している。それを知らず、内々の約束通り日の出とともに、太郎作ら攻城勢は塀ぎわをめざしてひたひたと押し寄せたのである。

摂津《せっつ》国《こく》有岡の城にて御合戦の事

その時太郎作は一番乗りをするため、塀柱《へいばしら》に取りついたところを城中より半間《はんげん》（一メートル弱）ほどから、太郎作の首の骨を肩先まで、弓矢を打ち通してきた。手負いとなったが、益々塀柱に取り付くと城中の者どもはこれを見て、にくき振る舞いだが、太郎作を柱から取り除こうと上より立臼《たちうす》を落としてきた。こらえきれず水堀《みずぼり》へ打ち落とされた。太郎作の運は強かったと思う。水が溜まっていたところに打ち落とされ、死を拒むことができたのである。その後、本陣へ人をかき分け参った。脇《わき》の下口の内が少し温かく、立ち刺さった矢を抜き、具足《ぐそく》[83]は、着せ置いたまま病み、その日の八ツ時（午後二時）、少し意識を取り戻した。皆々が寄り集まって、太郎作を呼ぶので正気を取り戻し、話すことができた。太郎作に相次いで水野《みずの》淡路守《あわじのかみ》重良《しげよし》[84]殿の祖父にあたる水野忠分殿が塀に取りついたところ、半間《はんげん》ほどで、胸を鉄砲で打ち落とし、たちまち討ち死にをなされた。忠分殿と同時に都築藤太夫《つづきとうだゆう》[85]殿が塀に取りつかれたところを、これも半間程にて胸を打ち落とされ同時に討ち死にをされた。この都築藤太夫殿は、水野日向守（勝成）御袋《おふくろ》の兄であり、拙者《せっしゃ》（太郎作）の妻の兄であった。万見重元殿も討ち死にをされた。その他、信長公の衆も多く討ち死にをされ、この時の戦は負け戦であったことを話しておく。

（『水野左近覚書』）

荒木村重は、毛利、石山本願寺の援軍を待ち望んだが現れることはなかった。天正七年（一五七九年）九月二日、村重は五、六名の側近を引き連れ、舟で夜間に猪名川《いながわ》を下って、海沿いで援軍の受けやすい嫡男荒木村次《あらきむらつぐ》の尼崎城へ移った。村重の有岡城脱出は、やがて信長に知られ城内への家老、守将らへの調略が始まった。十月十五日、有岡城への総攻撃が始まった。しかし、本丸を落とすことができなかった。織田信長は、村重に代わり城守《しろもり》をしていた池田重成《いけだしげなり》に「荒木方の尼崎城と花隈城《はなくまじょう》の明け渡しをすれば、各々の妻子を助ける」とする約束をし、講和開城を求めた。池田重成は妻子を有岡城に残し、手勢三百兵を従え尼崎城の荒木村重説得に向かった。（『信長公記』）

『水野左近覚書』に記述された甲賀衆とする矢文文面は、偽りなく内通を約束したものか、攻城側を塀ぎわまで誘きだすための計略であったかは不明である。鷲塚に牢居していた水野太郎作清久は、天文十四年（一五四五年）に生まれ、元和三年（一六一七年）に七十二歳[86]で没している。覚書にある通り、この戦いでは「死を拒むことができた」のである。しかし、水野忠重や水野太郎作らの妻の兄・都築藤太夫は討ち死にをしている。

『信長公記』には、村重の説得ができなかったことが記されている。池田重成は、そのまま出奔をし、荒木村重は尼崎城落城後に花隅城へ移り、さらに毛利氏のもとへと落ち延びていった。信長が残された妻子や家臣、雑賀衆らをことごとく討ち取らせた[87]ことも書き残している。有岡城に残された荒木村重の娘・あここが母・たしへ贈った歌のひとつを記す。

ふたり行き　なにか苦しき　のりの道　風は吹くとも　ねさへたへずは

（阿弥陀様にすがって　二人で行くならば　どうして苦しいことがあるでしょうか。非情な風が吹いたとしても　念仏さえ絶やさなければ）

（『信長公記』）

織田信長による粛清、殺害は、その後も繰り返された。天正八年（一五八〇年）八月、突如として家老職にあった林秀貞・安藤守就・丹羽氏勝に野心ありと嫌疑をかけ追放している。翌天正九年（一五八一年）一月には、高野山が荒木村重の残党を匿《かくま》い信長に敵対したとして、高野聖千三百八十三名を逮捕し京都七条河原などで処刑した。天正十年（一五八二年）三月、武田勝頼・信勝父子を自刃させ、武田氏は滅亡した。

第二項　秀吉の時代と『水野左近覚書』

天正十年（一五八二年）六月三日、三河に明智光秀謀叛《むほん》の一報が届いた。

四日　庚寅《かのえとら》　明智光秀が謀叛である。信長御父子の件は極秘とするよう岡崎と緒川より連絡が来た。家康は堺におられたそうだ。岡崎へ行った。家康は伊賀から伊勢の地を御退きになって、大浜へ御上陸なさったので町まで御迎えに行った。穴山梅雪《あなやまばいせつ》は切腹をした。途中で織田信澄殿[88]の謀叛は単なる風説だと知った。

五日　辛卯《かのとう》　城へ出仕した。早々に帰って出陣の用意をするようにと仰せられた。伊勢、尾張より家康へお使いが来た。同盟[89]の件である。深溝へ帰った。

七日　癸巳《みずのとみ》　刈谷の水野惣兵衛忠重殿が京都にて討死になされたそうだ。

八日　甲午《きのえうま》　織田信澄を、去る五日に大坂で織田信孝殿が御成敗になったそうだ。

九日　乙未《きのとひつじ》　雨降り。西への出陣が少し延びたとの連絡が来た。水野惣兵衛殿の事については、京都[90]に隠れていて、無事であり刈谷へ帰って来るそうだ。

十五日　辛丑《かのとうし》　雨降り。本営へ出向いた。明智光秀を京都にて、織田信孝殿、羽柴秀吉、丹羽長秀、池田恒興が討ち取ったと、伊勢神戸（鈴鹿市）より注進があった。

（『家忠日記』）

織田信長は、明智光秀の謀反により本能寺にて自害した。この一報を家康家臣深溝松平家忠[91]には、大野（常滑市）より「本能寺の変」の翌日三日、午後六時頃連絡が入った。松平家忠の日記から三河での六月四日以降の動向が確認できる。

織田信長は権威に屈することなく、自己の責任で中世の破壊を成し遂げ、天下人と称せられた。同時に史資料から判断すれば、真の意味で恐ろしさを持ち合わせた近世の創業者であった。この偉業を後継できる者は、織田家の血筋にはいなかった。この偉業を後継したのは、天与の才を持ち合わせ、天下取りに奔走した羽柴秀吉である。秀吉の動きは驚くほど早く、天下取りに突き進んだ。

天正十年（一五八二年）六月二十七日の清須会議[92]で、織田家の家督は信忠の遺児・三法師（秀信）と決まった。ところが羽柴秀吉は十月には清須会議の取り決めを反故にし、誓約違反を非難する柴田勝家との対立が深まると、織田信雄《おだのぶかつ》を織田家当主として家臣になった。柴田勝家はこの情勢に耐えかねて挙兵したが、天正十一年（一五八三年）四月、賤ケ岳《しずがたけ》の戦いに敗れた。勝家は北ノ庄城においてお市らとともに自害した。この戦い以後、織田氏の旧臣は羽柴秀吉に臣従するようになった。

天正十二年（一五八四年）正月、羽柴秀吉は主家である織田信雄に対して年賀の礼に来るよう命じると、これを契機に信雄は秀吉への反発を強めた。信雄は秀吉との戦いを諫めていた織田家重臣の浅井長時、岡田重孝、津川義冬らを謀殺する[93]に至り、秀吉に宣戦布告をした。東国で勢力を伸ばしていた徳川家康が織田信雄に加担を約束すると、羽柴秀吉は美濃国の池田恒興《いけだつねおき》に尾張国・三河国の恩賞を約束して味方にし、一気に緊張が高まった。

天正十二年（一五八四年）四月六日、秀吉は、三河侵攻・岡崎城攻略を池田恒興、森長可《もりながよし》らに命じた。兵数は池田恒興六千、森長可三千、堀秀政三千、羽柴秀次八千、計二万であった。尾張から三河に至る道は三路線あり、庄内川を渡り三縦隊で長久手《ながくて》へ至った。

同八日夕方、池田・森の目的は岡崎城攻略が目的であることを、徳川家康は斥候《せっこう》の報告から得た[94]。家康は、池田、森の軍勢を追跡し撃破する部署を編成し諸将に命じた。家康三千三百、井伊直政三千、織田信雄三千、大須賀康高千八百五十、榊原康政千五百五十、水野忠重八百であった。

すでに主力は来て、城に入るや忠重らは敵状を報告し、あわせて決議された戦略を家康に申し上げた。

家康はこの報告により、敵の進路を察知し、その兵力を前後に分割し、各個に撃破せんと欲し、つまり支隊の提出した案に従い自分は敵の先頭部隊に向き合おうと決心をした。

家康方は二分割された第一線を破り二、三百人を倒した。秀吉方の予備隊は友軍の旗幟《きし》が乱れている長久手村へ決死の士二、三十人が突進を試みたが家康方の銃火が激しくて、部隊が継続して進むことはできなかった。秀吉方は、戦況不利が明らかな部隊の援軍を試みたが、時期はすでに遅く士卒の散亡が始まっていた。秀吉方の将・森長可は、水野太郎作の家来、足軽・杉山孫六の鉄砲に撃たれ亡くなった。また、豊臣方六千名を率いる池田恒興は、大浜村羽城を守る長田重元の次男・永井直勝[95]が討つという格別の功績を挙げた。

森長可これを見て大いに怒り、御旗本《おんはたもと》へ打入らんとするに、水野太郎作下知し、隙間なく鉄砲を撃ちかければ森が軍勢、撃ちすくめられて進み得ず。長可せき立て、自身手槍を取って御旗本へ乗り込まんとするところを、水野太郎作が所属、杉山孫六が撃ち鉄砲の玉、飛来て、森長可生年三十七歳、この玉眉間に当たり、馬よりまっさかさまに落ちて死す。

池田が堅陣も大いに乱れ、堀秀政の陣へ退こうとする所に、御旗本より安藤直次・生年三十二歳、永井直勝二十二歳、蜂屋定頼走り出る。直勝、先に進み、井伊の先手を走り超えて、勝入（恒興）を目がけて突いて懸かり、たちまちに突き伏せて鎧の綿がみに取りつかんとする時、勝入脇差を抜いて斬りつける。直勝左の第二指を切られて、

（『日本戦史』）[96]

そのまま組み伏せて首をとる。勝入（恒興）生年四十九歳。（『改正三河後風土記』）

小牧・長久手合戦から二、三百年も後に記述された『日本戦史』『改正三河後風土記』では、水野太郎作の武功を書いている。水野太郎作自身の覚書では、戦場での武功[97]の横取りを許さなかった記憶を描いている。

太郎作は、大久保忠佐《ただすけ》に「その方は涼しい顔をして平気でいるが、その方には似合わないではないか」「殿様は山頂方向と考えておられるが、山頂方向から降りて来たのは拙者より他にいないではないか」「それがしは、天命が尽きて死んでもよい。ぜひ果し合いを」と権現様（家康）の前で申し込みをした。すると、大久保忠佐と合戦の場に一緒にいた渡部《わたべ》弥《や》之《の》助《すけ》が「太郎作が申す通り山頂方向から降りて来たのは太郎作で、拙者と忠佐は、下の沢から入って行きました」と申し上げた。

権現様は「面目ない」と御《ご》覧違《らんちが》いをされたと思い召され「堪忍してほしい」とのお言葉をいただいた。冥加《みょうが》至《し》極《ごく》（神仏の恩恵を授かった）の気持ちであった。酒井忠次殿他御老中の方々も「殿様が御覧違いをなされたのです」とご判断のお言葉をいただくことができた。

（『水野左近覚書』）

『水野左近覚書』には、鉄砲衆一番の高名となる森長可を山頂方向から打ち落とした論功行賞の吟味の難しさや武士の本音が描かれている。徳川家康は、この重要な森長可を打ち落とした高名は大久保忠佐《おおくぼただすけ》の功績と思い違いをしたのである。この時に太郎作は、事実を語らない大久保忠佐に命がけの決闘を要求したことが分かる。

太郎作は、白羽織を着用した森長可を大将と見て、預かった鉄砲衆で打ち落としたと主張していた。しかし、足軽鉄砲頭・渡部弥之助と沢の下から進んだ大久保忠佐は、思い違いをしている家康の論功を辞退せず事実を話さなかったのである。この吟味に納得できない太郎作は、その場で死を覚悟し忠佐に決闘を挑んだのである。あわてた弥之助は太郎作の鉄砲衆の高名を話したことから、家康は「思い違いをして悪かった、堪忍してくれ」と謝ったのである。戦場で命を懸けて戦う武士にとって、論功行賞とその吟味の場もまた命懸けであった。

水野太郎作の指揮する鉄砲隊で森長可が打たれるのを見た池田恒興は大いに怒ったというが、森長可は恒興の娘婿という関係であった。この時、永井直勝とともに走り出た安藤直次は、恒興の嫡男・元助を討っている。『永日記』[98]によれば、家康は手柄を立てた永井直勝に三河で一千石、安藤直次には五百石を与えている。二十一歳となる永井直勝は、東端城（安城市）主となった。東端城は、片山屋敷があった場所から入り江を挟み、約九町（一キロメートルほど）のところにあった。

天正十二年（一五八四年）三月から十一月の「小牧・長久手の戦い」という局地戦において、徳川家康は羽柴秀吉に負けることがなかった。しかし、総兵力では秀吉側が圧倒していた。総兵力に勝る秀吉勢は、尾張北西部において諸城を攻略し、蟹江城も秀吉方滝川《たきがわ》一益《かずます》の手に落ちた。この蟹江城を取り返すため織田信雄と家康は総攻撃をかけた。家康陣営での家康と太郎作のやり取りが興味深い。

尾州蟹江の城を御攻めなされた事

蟹江城を攻撃された時、敵が大手口の門を開いた時、味方は門わきまで攻め登っていた。太郎作の前で味方三騎が鉄砲にあたり討死をした。その死骸を引き除いて乗り込み首を取り、権現様（家康）に持参すると、権現様はたわぶれ[99]を言われた。

「太郎作、その方の高名首の儀は珍しくないが、今日のたて物こそ見事である」とお気持ちを話された。その時太郎作は、ふと気づいてかぶと[100]のてっぺんを撫でてみると、弓矢の幹は折れていたが四、五本立っていた。その中の一本は、かぶとを突き抜け石頭に刺さっていた。その傷は後まで跡として残っている。（『水野左近覚書』）

蟹江城の攻略ができ、家康はようやく安心してひと息つけたのであろう。何本かの折れた弓矢が刺さった太郎作の兜姿こそ見事だと冗談を含め称賛したのである。対する家康勢は数こそ劣っていたが、家康家臣はひとつに強くまとまっていた。一方の秀吉勢は数こそ多いが、調略と打算で集まった大軍勢であった。一時的ではあるが、家康を武力で屈服させるために時間を置くことにした。

天正十三年（一五八五年）十一月二十九日に大地震が発生した。尾州西北部にあった蟹江城は、この地震で城郭そのものが壊滅した。

二十九日　乙丑《きのとうし》　雪降り。大地震で午後十時頃大揺れがあった。前後不覚状態で鳴動があった。余震は数えきれないほどである。

晦日　丙寅《ひのえとら》　地震があった。午後二時頃にまた大地震で揺れた。

一日　丁卯《ひのとうさぎ》城へ出仕した。地震があった。

（『家忠日記』）

この時三河深溝にいた松平家忠は、十一月二十九日から十二月二十三日まで毎日激しい地震があったと日記に記述している。この地震は「天正地震」[101]と呼ばれ、東海、北陸から近畿までの広範囲に大きな被害をもたらした。地震の震源地は美濃国（岐阜県養老断層）。羽柴秀吉の勢力圏となる近畿地方では特に被害が大きく、家康との戦いより、その復興を優先せざるを得ないという事態になった。

織田信長は恐怖で人を支配しようとしたがために、味方の裏切りで身を滅ぼした武将である。ところが羽柴秀吉は、敵すら味方にしてしまう人心掌握術を持っていた。秀吉は官位を望む武将であれば朝廷に働きかけた。部下の失敗はあえて咎めず、豊富な金銀を貴族、諸大名に分け与え、庶民も北野の大茶会、吉野の花見に参加させるなど「気づかい」「人たらし」という武器も使い、ついに天下人へと上り詰めていった。

第二節　水野家・片山家と元和偃武

第一項　水野忠重から勝成へ

慶長三年（一五九八年）に豊臣秀吉が亡くなると、豊臣政権は家康派（東軍）、石田三成派（西軍）へと分裂が始まった。この頃、鷲塚村の於亀の子・片山遵智は刈谷城主水野忠重に仕えていた。

忠重様より飛鳥井家《あすかいけ》102の筆御軸物《ふでおんじくもの》拝領つかまつり候
慶長五年七月関ノ御刀拝領つかまつり候、
右刀、軸物当時伝来まかりあり候
右刀は遵智関ヶ原陣へ御供つかまつり候につき
御目《おめ》見《み》えつかまつり候ところ、この刀にて
功名つかまつり候様との御意《ぎょい》にて下され置き候

（『片山家覚書』）

忠重は、いよいよ石田三成派（西軍）との大戦は避けられないと考えていた。片山家の「覚」には、やがて避けられない大合戦では「この刀で功名を立てるように」と片山遵智が水野忠重から関ノ刀《せきのかたな》103を下賜《かし》されたとある。片山遵智が刀をいただいた時点では合戦場が西美濃関ケ原とは分かっていなかったが、合戦の二ケ月前の七月に遵智は忠重に御目見えをしている。そのわずか十日ばかり後のことと思われるが、水野忠重の身に悲劇が訪れた。

池鯉鮒《ちりふ》の宿に於いて忠重を討ちたるよし注進あり。小山御陣に参らせらる神君にも聞き召され驚き給ふ。忠重を討ちしは、石田が刺客加賀井弥八郎がせいなり。その時、掘尾吉晴、加賀井を組み伏せ、即時に打ち取りたる老功《ろうこう》の早業《はやわざ》、肩を並ぶる者あるまじとて、加賀井死骸の懐中より捜し得たる、石田が証状まで添え献じける。ここに水野忠重が長子、勝成御陣に御供して有けるが、早々刈谷へ立ち越し104、急ぎ国務を沙汰すべしと命ぜられ、刈谷の家老上田清兵衛《うえだせいべえ》、鈴木次兵衛《すずきじへえ》、同久兵衛《きゅうべえ》へも御書を賜れば、勝成これを頂載して、急ぎ刈谷に赴きけり。（『改正三河後風土記』）

片山遵智が関ノ刀をいただいた同月の七月十九日、悲劇は池鯉鮒（知立市）で行われた美濃《みの》加賀野井《かがのい》城主《じょうしゅ》の加賀井重望《かがいしげもち》、越前府中の堀尾吉晴《ほりおよしはる》と水野忠重の三名の酒席で起きた。この酒席であろうことか、忠重は加賀井重望に殺害された。殺害理由は、重望が忠重に石田三成方につくよう説得を試みたが断られたためとする説が有力である。また、通説では、その場にいた堀尾吉晴は槍傷を負いながら加賀井重望を討ちはたしたとされている[105]。『改正三河後風土記』では、忠重を討った加賀井重望は石田三成の刺客と記している。この出来事は、上杉氏征伐途上の小山[106]（栃木県小山市）にいた家康に伝えられている。

家康は上杉氏討伐軍中にいた忠重の嫡男・勝成を後継とし、刈谷城へ至急戻るよう命じている。勝成は刈谷城主となり、関ヶ原の戦いへと出陣した。

関ヶ原御陣御合戦之刻《せきがはらごじんごかっせんのとき》

拙者は明日の関ヶ原で役に立ちたいにもかかわらず、権現様は、北曽根で大垣城[107]の抑えをしていても同様に役に立っていると思われるが、なぜ（勝成が）そのように申すのかと御立腹なされ、そのように考えるのは迷惑であると話された。拙者はどうあっても曽根城（大垣市）にいることは、お断りしたいと申し上げたが、権現様は、考えを変える必要はないと言われ、関ヶ原に近い赤坂[108]までお供をしてきた。

軍監《ぐんかん》である本多忠勝《ほんだただかつ》、井伊直政《いいなおまさ》の両人に道々にて直接申し上げても、とかく曽根は大事な道筋の城で、岐阜より赤坂への通路をとめることは役に立つと、権現様と同様のことを仰せられ、両人が御立腹《ごりっぷく》なされたので、権現様の決められたことに従い曽根へ帰った。

此の上は、明日の合戦は勝っても、負けても曽根と関ヶ原は遠く、役に立たないので、大垣の城へかけ入り討ち死にすれば御奉公になると思った。十五日夜のうちに、拙者並びに弟の水野忠胤《みずのただたね》らは、大垣の城へ乗り込み二の丸まで取った。（『水野勝成覚書』）

慶長五年（一六〇〇年）九月十四日、水野勝成は曽根城にいて大垣城への抑えを命じられていた。覚書には、家康に関ヶ原本戦で役に立ちたいと直談判《じかだんぱん》をし、家康が腹を立てていたことが記述されている。勝成はこの時三十五歳になるが、駄々をこねる子どものようでもあった。しかし家康は、従弟の勝成は自分を曲げない強い性格、勇猛果敢な無類の武将であることも見抜いていた。

水野勝成は、関ヶ原本戦で手柄を挙げたかった。しかし、家康の指示は、西軍福原長堯《ふくはらながたか》以下七千五百名が守る大垣城への攻撃であった。勝成は戦場で指揮・監理を行う軍監（軍目付）の本多忠勝、井伊直政にまで関ヶ原本戦を要求したことを明らかにしている。

関ヶ原本戦に決着がつき、東軍勝利が敗残兵から大垣城へ伝わると、勝成は大垣城内にいた西軍の秋月種長《あきづきたねなが》と旧知の仲[109]であったことから内通を勧めた。秋月種長は相良頼房《さがらよりふさ》、高橋元種《たかはしもとたね》を誘い内通に協力したことから、大垣城内西軍は一挙に瓦解した。九月二十三日、守将の福原長尭は降伏し城を明け渡した。大垣城では、関ヶ原本戦で西軍敗北が知れ渡っていたことや攻城側が城内に向け逃散を呼びかけたため城兵、婦女子の多くは退散することができた。

徳川家康は慶長二十年（一六一五年）の大坂夏の陣において、水野勝成を大和方面軍の先鋒大将とした。この時、家康は「将であるから昔のように自ら先頭に立って戦ってはならぬ」と厳しく命じていた。しかし、五月六日の道明寺の戦いで豊臣方後藤基次《ごとうもとつぐ》の部隊を壊滅させる活躍であったが、家康の命令を無視し一番槍を突いていた。翌七日、天王寺口において真田信繁《さなだのぶしげ》（幸村《ゆきむら》）隊は家康本陣に攻め入り、家康自身があわやの状況となったが、水野隊が天王寺口に駆けつけ、勝成はこの戦いにおいても槍を手に先頭で戦い、徐々に真田隊を壊滅させることに成功している。幕府軍は大坂城へ攻め入り、豊臣秀頼《とよとみひでより》、淀君《よどぎみ》、大《おお》野《の》治長《はるなが》らは共に自害して果てたとされている。水野勝成は、大坂夏の陣において命令違反と戦功という二面から評価されることになった。結局その処遇は大和郡山《やまとこおりやま》（奈良県）へ三万石加増の六万石での転封《てんぽう》となった。

大坂夏の陣を最後に、戦いを前提とした権力闘争は論理的に用をなさない時代を迎えた。百五十年近くにわたり続いた、大規模な軍事衝突が終わりを迎えた。慶長二十年（一六一五年）六月、幕府は一国一城令を発し、七月、幕府は朝廷に元号を元和と改めさせ、天下が平定されたことを広く人々に伝えた。また、幕府は大名統制のため武家諸法度を規定した。元和二年（一六一六年）四月十七日、家康は駿府城において七十五歳の生涯を閉じた。

第二項　初代福山藩主水野勝成

元和五年（一六一九年）、水野勝成は徳川秀忠《とくがわひでただ》から備後《びんご》（広島県）福山に十万石を与えられた。武家諸法度で新規築城が禁止される中、福山城は例外的に建築された城郭である。近世城郭では最後の城であり、五重の天守閣は十万石の城としては破格の巨城であった。これは西国大名を監視し西国への抑え[110]とすることを、猛将鬼日向《おにひゅうが》[111]と恐れられた水野勝成に徳川秀忠が期待するものであった。

若い時代の勝成は、破天荒な行動が多く見られた。勝成の父・忠重は、目に余る勝成と親子の縁を切り、勘当までしている。しかし、五十五歳で福山藩主となった勝成の領国経営は、「名君」として高く評価されることになった。

まず、福山城下町の造成では町人町の地子銭[112]・諸役を免除し、領内外から商人・職人を招いた。城と町が完成した元和八年(一六二二年)、地名を「福山」と改めた。勝成はい草の栽培と畳表《たたみおもて》の生産を奨励した。この畳表は「備後表《びんごおもて》」と呼ばれ、全国に最高級品[113]として知られた。

また、勝成は治水工事や新田開発、鉱山開発、タバコの栽培も積極的に行った。

『福山市史』によれば、福山藩では寛永七年(一六三〇年)、水野勝成が領内の殖産興業のために領内の両替商を発行元に銀札(藩札)を発行したとある。日本で最初の藩札についての諸説あるものの、福山藩で発行されたこの銀札が日本最初の藩札とする説が近年は有力である。元禄十一年(一六九八年)五代・勝岑《かつみね》がわずか二歳で死去し水野氏廃絶となった時、正貨である銀貨と水野氏発行銀札との交換(兌換《だかん》)が必要となった。発行高(約三千五百貫)のほぼすべての銀札は回収され、銀との交換がされた。

福山藩は五代藩主・勝岑が亡くなることで絶家となったが、水野忠政・於大の方・忠重・勝成と続くこの家系は、幕府創業時の勲功を見れば、まさに特別な家系であった。このため、分家から水野《みずの》勝長《かつなが》が入り家名相続が許され、下総国結城《しもうさこくゆうき》（茨城県西部）水野氏一万八千石の祖となり、子孫は結城藩主として明治を迎えている。

水野勝成は福山城築城とともに、父・忠重の菩提寺曹洞宗賢忠寺《そうとうしゅうけんちゅうじ》を建立し、現在の福山市の礎を築いた。八十八歳で亡くなっており、墓所は父同様賢忠寺にある。

『片山家系図』では、水野忠重に仕えた片山遵智《のぶとも》の孫・片山通利《みちとし》が水野勝成家士となっている。備後福山で勝成の直参家臣として水野家に仕えるにあたり、姓を片山姓から祖母・於亀の水野姓に改め備後へ赴いている。「水野」を名乗ったほうが福山ではすべてが有利に働いたのであろう。通利

備後福山城（著者撮影）

が頂戴した石高は二百石であった。

第三項　鷲塚村庄屋片山家

肥後（熊本）菊池氏を先祖とする初代・片山頼武は、晩年、仏門に帰依して嘉慶《かけい》元年（一三八七年）三月、天台宗和国寺を創建し、三面大黒天を祀って護摩供養《ごまくよう》を厳修した。三河鷲塚に移り住んだ六代・片山忠光も同様に三面大黒天を一族の護り仏として祀っていた[114]。

三面大黒天は中世以降の福神信仰の中で大黒天・毘沙門天・弁財天の三天を合体させた三位一体により、理想の福神が創出されたものとされる。大黒天は、室町時代以降は大国主命の民俗的信仰と習合されて、微笑の相が加えられた歴史がある。

しかし、片山家に伝わる三面大黒天像の表情は、笑顔というより凛とした厳しさがある。

三面大黒天像（碧南市提供）

寄木造りの像の高さは一〇九センチメートルある。片山家「覚」「系図」には三面大黒天の御利益とする記述が多々見られ、「父祖以来、勤倹殖産して富となった。家康公に軍資金を渡した」などの記述がある。

鷲塚の片山家は、家康にとっては叔母・於亀の嫁ぎ先で、水野忠政の娘、永井直勝の娘[115]、水野忠清の娘と三代にわたり大名家になっていく家の娘が嫁いでいるが、鷲塚片山家は武家から百姓身分へ帰農をしている。

片山家は、鷲塚大塚に埋葬された水野清信の子・太郎作清久の弟である道智を養子としている。妻には水野忠清の娘を迎えており、鷲塚片山家は水野家同士のもらい合わせで継がれている。

松平家康が桶狭間合戦での一番槍を水野清信に尋ねた折、「一番槍は兄さんです」と答えたのが兄・太郎作清久のことで、弟が片山家を継ぐ道智である。水野太郎作清久は水野正重の名でも知られるが、徳川家康の十男・徳川頼宣《とくがわよりのぶ》の附家老（七千石）として徳川御三家の紀州藩へ随行している。その後、子孫は十数代にわたり紀州藩に五家ある附家老家のひとつとして奉公をしている。

鷲塚片山家を継ぐことになった片山道智は、片山家と水野家の先祖供養を強く願い、屋敷の南西に江戸小石川伝通院末寺の建立を計画した。この寺院が現在の道智山遍照院である。

三面大黒天は同寺院本堂とは別の堂宇に祀られている。江戸の小石川伝通院は、浄土宗で将軍家の菩提寺である芝の増上寺、上野の寛永寺とともに「江戸の三霊山」とされていた。片山道智が建立した伝通院末寺は、寛永二年（一六二五年）伝通院十二代住職・林《りん》冏上人《けいしょうにん》を開基として創建された。片山家文書には『道知山寺号許状写』が残されており、そこには林冏上人により入院式が滞りなくできたことが記述されている。寛永年間（一六二四年〜一六四四年）より寺院建立にともない、その世話をするため江戸小石川より鷲塚村へ世話役が移り住んだ。同家は「小

道智山遍照院（稲垣尚人氏作）

石川」を名字として現在に至っている。

『片山家文書』に「紀聞塵集《きぶんじんしゅう》」という記録冊子があり、そこには片山家親族諸霊《しんぞくしょれい》を追善供養する人名と忌日《きじつ》（命日）がまとめられている。水野忠重、太郎作に討たれた一揆方・石川新八、大見藤六の名も見られる。水野家から養子として入った道智は新寺建立を行い、片山家・水野家と縁のある方々の追善供養を願ったものと思われる。『紀聞塵集』の冊子には、親族として土井利勝の名前がある。

片山文左衛門義重《かたやまぶんざえもんよししげ》幕下に仕えて代官となる、兄を主水《しゅすい》という。越前に仕えて家老となる　片山義重、寛永元年（一六二四年）甲子酒井雅楽頭忠世《さかいうたのかみただよ》、土井大炊頭利勝《どいおおいのかみとしかつ》が扱引（引き抜き）を以って威公《いこう》（徳川頼房）に奉仕す。二百石を賜って書院番組となる。
（『片山家文書』）

片山家は、土井利勝を水野信元の三男とする立場を取っており、利勝は老中、大老へと出世して絶大な権勢を誇った人物である。片山家の子孫には、酒井忠世《さかいただよ》、土井利勝との縁故で幕府役人に取り立てられたとする文書が残されている。片山遵智の子で越前松平家へ仕えた片山亮智《かたやまあきとも》の子・義重《よししげ》は、幕府老中の酒井忠世や土井利勝らに引き上げられ、将軍警備が主な任務となる幕府書院番組116となっている。片山家の『畧系抜書《りゃくけいぬきがき》』には、片山家より分家し、その子孫が仕えた先で活躍した記述が見られる。また、片山家系図からは水野家、越前松平家、酒井家などに仕えた子孫の名を見ることができる。

鷲塚村に残り帰農した道智自身とその子孫は、鷲塚村庄屋や、鷲塚湊および矢作川、三河湾周辺の廻船問屋《かいせんどんや》の草分けとなった。鷲塚湊の風景と役割を一変させたのは、慶長十年（一六〇五年）の矢作新川の開削であった。

慶長十年（一六〇五年）七月廿三日、三河国碧海郡米津村《へきかいぐんよねづむら》の地をうがち、矢作川の下流を通される。本国領の輩《やから》百石に二人、農民は百石に一人を課せられる。これ大御所（家康）の仰せによりてなり。

（『徳川実記』）

中世末期までは矢作川に堤防はなく、矢作川は吉良方面へ流れ、河口は吉良であった。それを徳川家康は碧海郡藤井村から米津村を掘り割って、衣浦の入り江（現在の碧南市）へ流れを変えたのである。近隣領主と近隣村々が諸役として課せられ、開削工事をなされている。武士は百石につき人夫二人、農民は百石につき人夫一人を提供させられた。

徳川三代将軍・家光の頃になると、世の中が安定し、幕府や諸藩は年貢米を江戸や大坂に送るようになった。幕府は「公儀の湊」を定め管理した。湊は一国に二ケ所あり、三河国においても他国同様、幕府領の米を江戸へ廻送した湊はふたつであった。西三河矢作川水系では鷲塚湊（碧南市）、東三河豊川《とよがわ》水系では御馬湊《おまみなと》（豊川市）であった。幕藩体制が確立されると、徴収された年貢米は大坂・江戸などの米穀市場に回送・販売されていった。それぞれの地方では、相場に通じた豪商に回送事業を統轄させ、販売まで請け負わせた。矢作川流域の幕府米に関しては、鷲塚湊の片山家が代々この役にあたり、「納米係《のうまいがかり》」という特権的な家柄として扱われた。片山家は廻船問屋としての事業をすすめ、一方で係として持つ「刺米《さしまい》」という権限が幕府より代々認められた。「刺米」での具体的な米抜き取り量が文書から確認できる。

> 三河国問屋の格となり家勢益々盛んなり、先代の御用達金代償《ごようたしきんだいしょう》として幕府より鷲塚湊《わしづかみなと》通行米《つうこうまい》一俵《いちぴょう》の内二合《にごう》あて、刺米取得《さしまいしゅとく》の権を許される
>
> （『鷲塚片山氏略系』）

「先代の御用達金代償」というのは、家康が幼い頃、軍資金として渡したお金であった。詳細は不明であるが、この代償が「刺米」の権利であった。「刺米」とは、米俵に細い竹を斜めに切って竹槍状にした「刺《さし》」を突き刺し米の検査をする方法のことであった。幕府は、米の輸送の安全のために厳しい廻米仕法《かいまいしほう》[117]に努めたので、幕府領（天領）である城《じょう》米[118]と呼ばれる米の品質や数量は厳重に点検・管理された。矢作川流域の幕府領年貢米は、代々「納米係」である片山家により江戸へ廻船で送られた。

鷲塚湊絵図《わしつかみなとえず》からは、湊の様子を確認することができる。石護岸や立ち並ぶ片山家の米倉の配置が描かれている。矢作川を上る川船の上り荷は、海岸部で生産された塩・干物・魚介類・みそ・しょうゆ・酒などであった。鷲塚湊は矢作川河口ということで上り下りする川船と三河湾・伊勢湾さらに・江戸・大坂を結ぶ小船や廻船の積荷中継点となった。

矢作川上流の信州（長野県）や奥三河からの下り荷は、薪・材木・木炭竹・栗・しいたけなどであった。棚尾村・大浜村・高浜村では、江戸時代中頃から三州瓦が大量に生産され、達磨窯で瓦を焼く燃料として薪が大量に必要となった。

片山家は江戸時代を通して、幕府領納米係、廻船問屋として大いに繁昌した。江戸中期以降、三河木綿・三河酒・三州瓦が江戸市場へ廻漕された背景には、鷲塚湊で廻船の仕事を修得した片山家分家の者、奉公人らが新たに大浜村新川湊や平坂湊で廻船問屋業を始めたためと伝承されている。

延宝期（一六七三年～一六八一年）、片山八次郎は江戸で入札される矢作橋工事を請け負うことがあった。

私、八次郎は、掛け替えの材木は伊勢国大杉山で調達いたしました。要求される材木の規格寸法のものを揃えるため指定の二五六〇本を上回る五八〇〇本余りを矢作まで届けております。延宝二年（一六七四年）、橋は丈夫に完成し渡り初めも済んだ

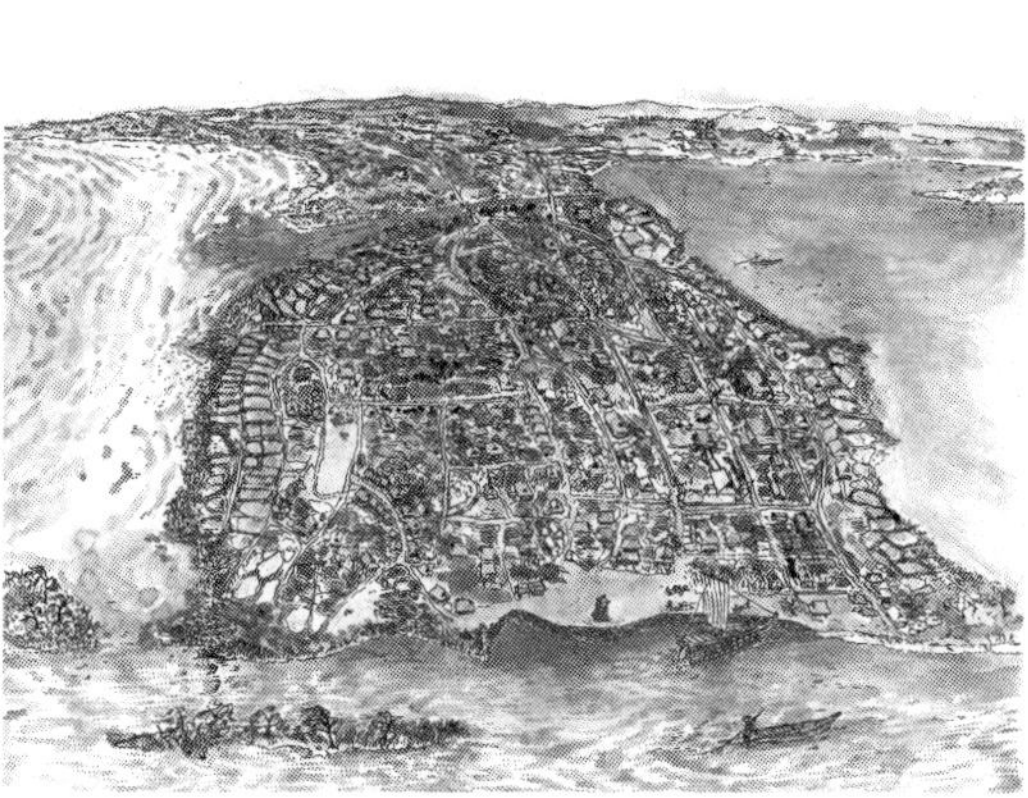

鷲塚湊想像絵図（稲垣尚人氏作）

にも拘らず、請け人である私に請負代金が支払われておりません。材木の請負本数は二五六九本ですが、材木には長短、太いもの、細いものがあるため五八〇〇本余りを矢作村まで届けております。
私は、親類を頼み多くの借金をしています。ようやく橋は完成したのに代金の支払いがないため大勢の者の暮らし向きが壊れています。この窮状を察して代金の支払いをお願いします。

延宝四年　辰　　　　　　鷲塚村
　御奉行様　　　　　　　　片山八次郎
（『片山家文書』「片山家矢作橋文書」）

延宝四年（一六七六年）の矢作橋普請であった。矢作橋は、江戸時代には東海道に架かる日本最長の大橋で、「初めて通る旅人、目を驚かす」といわれた。矢作橋の最初は、慶長六年（一六〇一年）の土橋であった。丸太を隙間なく並べて橋面を作ると橋面が凹凸になりそのままでは歩きにくいので、土をかけて踏み固め、窪み部分に土を詰めたのが土橋である。しかしこの土橋は、六年後の八月に洪水で流失している。矢作橋が板橋として

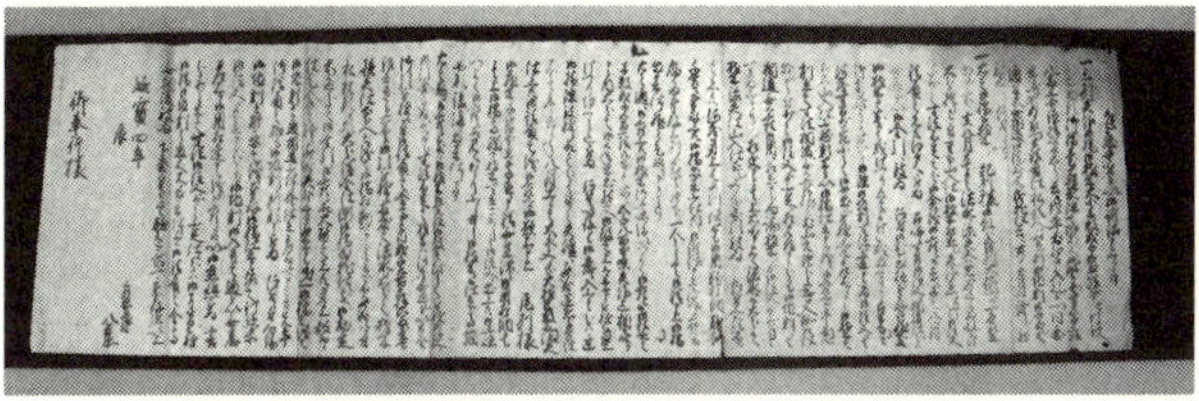

片山家矢作橋文書（片山家菩提寺鷲塚遍照院蔵、著者撮影）

矢作橋想像絵図（稲垣尚人氏作）

次に架設されたのは、寛永十一年（一六三四年）で、家光の上洛に合わせて架橋されが、この板橋も三十六年後の寛文十年（一六七〇年）の火災で焼失していた。

矢作橋の再度架橋普請に向け、幕府は材木、石材、金具類の入札を江戸でおこなった。代金一万五千三十八両余りで、請人に鷲塚の廻船問屋片山家十五代の八次郎がなったのである。八次郎は、掛け替えの材木は伊勢国大杉山で調達している。幕府が要求する材木の規格寸法のものを揃えるため、指定の二五六〇本を上回る五八〇〇本余りを矢作まで届けている。

延宝二年（一六七四年）、橋は丈夫に完成し渡り初めも済んだ。ところが、請け人である片山八次郎に請負代金が二年ほど過ぎても支払われなかった。八次郎は奉行所へ、延宝四年（一六七六年）に「矢作橋は、丈夫にできたので、請け負いの金額は違いのないよう下さればありがたい」と代金の支払いを求めた。

矢作橋完成から二年経っても支払いがなされない状況が、当時は普通であったものかどうかは不明である。幕府からの支払いに遅滞《ちたい》があったことから、片山家にこの文書が残されたものと推測できる。帰農した片山家は、幕府創成の時期より矢作川水運、江戸への城米輸送を担う家柄であり、大規模な矢作橋架橋を請け負うほどの商売をしていた廻船問屋であったことには驚かされる。片山家子孫の多くは、縁故のある武家へ仕官しているが、片山本家は、鷲塚村庄屋、廻船問屋となっていた。

72　文明年間（一四六九年〜一四八七年）に今川家の家臣朝比奈泰熙《あさひなやすひろ》により築城される。
73　矢を入れて肩や腰に掛け、携帯する容器のこと。
74　殿様を逃がすために、わずかな数で追いすがる騎馬隊や鉄砲隊の盾になる役目。
75　開戦の合図で敵味方が矢を放ち開始を合図する行為。
76　主君の側近として仕え、主に若年者であった。幅広い知識、一流の作法、武芸が求められた。
77　三方とは神事において、神饌《しんせん》を載せるための台で、高貴な人物に物を献上する際にも使用された。
78　首級を漆でかためて彩色したもの。
79　足利義昭側近の小林家孝、毛利輝元とその家臣古志重信を通しての調略が成されていた。輝元は荒木村重が反旗を翻すとそれを喜び、褒賞を与えたとされる。
80　『織田時代史』、田中義成、明治書院、一九二六年。
81　東は伊丹川、西、南は人工の堀を設けており、土塁、塀による強固な総構えの城郭であった。
82　伊賀や甲賀の足軽は故郷を離れ他国で傭兵集団として軍働きすることを得意としていた。雑賀足軽衆は鉄砲の扱いに長けており、本願寺勢力と結びつきが強かった。
83　この場合の具足は、鎧のこと。
84　水野淡路守重良は、紀州藩附家老で新宮領三万五千石、第二代城主。

85 『水野左近覚書』から都築吉豊の子には、都築藤太夫や水野忠重、水野太郎作に嫁いだ姉妹がいたことが分かる。

86 水野太郎作の没年は、太郎作清久（正重）の娘が、渡辺守綱の子重綱の嫁（正室）となっており、渡辺重綱の系図から確認できる。

87 信長は、約束を守らない荒木村重や池田重成を「武道人にあらず」と不憫に思いながら、人質全員約六百七十名の処刑を命じた。村重家臣の妻子百二十二名は死の晴着をつけ鉄砲で殺害されたと伝えられる。

88 信長の甥にあたり、室は明智光秀の娘であった。

89 本能寺の変では、信長と織田家後継者の長男信忠が亡くなった。後に次男信雄、三男信孝が激しく後継者争いをすることになった。信長の次男織田信雄は、家康に同盟を求めた。

90 本能寺の変に際し、水野忠重は、信長嫡男織田信忠と同じ妙覚寺を宿舎としていた。

91 松平家忠の室は、水野忠分の娘で水野忠重とは親戚の関係であった。

92 織田家宿老の柴田勝家、丹羽長秀、羽柴秀吉、池田恒興が集まり後継者、遺領の再配分が定められた。

93 羽柴秀吉は、織田家四家老の重臣と密談をして内通を謀った。内一人の滝川雄利は密約を拒否し織田信雄に報告をした。

94 『日本戦史』「長久手ノ戦闘」、参謀本部編纂、村田書店、一八九三年。明治以前の国内戦資料を分析・編纂した書籍。

95 長田姓に生まれたが、この戦で功臣となり、長田姓は源義朝を殺害した家筋であることから主君徳川家康の命により大江姓永井氏に改めた。

96 前掲94。

97 論功行賞は軍目付が合戦時の兵士たちを観察し武功を大将に報告した。

98 著者は、永井直勝の次男永井直清で摂津高槻藩主であった。

99 「たわぶれ」は、ふざけて言う言葉・語。冗談のこと。

100 兜の素材は鉄が主流で鉄板をつなぎ合わせ、作られていた。兜には、致命傷を避けられる利点があった。

101 帰雲城（岐阜県白川村）は山崩れで城と城下町がすべて埋没をした。城郭全壊の城として、大垣城、蟹江城、清州城、長島城、長浜城、木舟城があった。中部から近畿にかけて大被害となった。

102 公家の飛鳥井家は、蹴鞠と和歌両道の家とされ、書においても飛鳥井流を創始している。

103 関鍛冶（岐阜県関市）の刀は「最も実践的」と評価されていた。刀剣を贈る行為には、覚悟を示す意味合いもあった。

104 水野勝成が刈谷城へ帰り着いたのは、七月二十五日であった。家康は勝成を小山評定の前に刈谷へ向かわせている。

105 『寛永諸家系図伝』、江戸幕府編纂、一六四一年では、忠重が家臣竹本吉久、鈴木重親に助けられ加賀井重望を討ち、自身も死んだとしている。

106 家康は西軍決起の知らせを受けると、慶長五年（一六〇〇年）七月二十五日、西軍への対処を考える会議（小山評定）を催した。家康は「どちらに味方するかは、各自の判断に任せる」と述べた。

107 秀吉により城主とされた池田恒興が近世城郭へと整備した。天正地震で全壊焼失したが、小田原の役で活躍した伊藤盛景が城主になり再建された。関ヶ原合戦の際には、城主が西軍に属したため、石田三成ら西軍主力部隊が入城し根拠地となった。

108 東軍の本拠は赤坂で、九月十四日、家康は三万の軍勢で赤坂に到着している。

109 秋月種長は、水野勝成の九州放浪時代の昔なじみであった。

110 福山城は、毛利氏など有力外様大名に対する西国の鎮衛としての役割があった。

111 奸臣《かんしん》明智光秀が名乗っていたため欲しがる者がいなかったという。勝成は気にすることなくこの名を欲したとされ、勇猛さから鬼日向とあだ名された。

112 領主が田畑、塩田、屋敷地などへ賦課した地代のこと。

113 現在も宮中や国宝級建築物などの修理に指定される畳表の最高級ブランドである。

114 碧海郡鷲塚村間無山の片山屋敷に奉られた。同地は天保十三年（一八四二年）片山家より二本木荒子氏子一同に譲られ、現在は荒子神明社敷地となっている。

115 片山遵智の妻は、永井直勝が養女とした娘である。実際の父親は杉浦藤八である。片山家へ嫁いだ水野忠政の娘於亀と水野忠清の娘については、ともに実の娘。

116 幕府書院番組は、将軍直属の親衛隊。将軍の身を守る防御任務を主務としていた。

117 海難事故・難破を防ぐための廻米仕法により江戸時代、遠隔地に廻送する米穀及び手順が決められていた。

118 江戸幕府直轄地（天領）からの年貢米を城米と呼んだ。

あとがき

『片山家文書』には、家康の高祖父松平長親《まつだいらながちか》の代より御奉公を始めたことや松平家中での出来事が記されており、過去の歴史書で松平信忠排斥の首謀者と書かれた人物は、片山忠正という可能性をうかがわせることが明らかとなった。

水野忠政や松平清康という家康祖父の時代の水野・松平の両家に奉公した片山家の文書には、従来の歴史書にはない記述が見られる。これらは今後の検討課題と思われる。水野忠政亡き後、織田信長と同盟関係を深め兄・水野信元《みずののぶもと》のもとを離れた水野忠重や水野太郎《みずのたろう》作《さく》らを御客として片山家が受け入れたことは、信憑性があり、水野家の武将が三河一向一揆を機に松平家康へ奉公を始めた事情についても極めて具体的な状況を同家の文書は明らかにしている。

江戸時代になると片山家は帰農し鷲塚村庄屋の身分を選択し[119]、矢作川流域幕府領年貢米の江戸への廻船輸送という特権が幕府より幕末まで与えられた。帰農した鷲塚村片山家の存在は、幕府編纂の歴史書には記述されていない。しかし、幕府役人の中には片山家の由緒や幕府創成期の様子を知るために問い合わせをしたり、片山家へ訪れて来る者がいたことは事実と見るべきである。

そのひとつに、天明四年（一七八四年）に三河幕府領の赤坂代官所[120]が片山家に対し、幕府公認の湊「五箇所湊《ごかしょみなと》」[121]はどのように決定されたのか、そのいきさつや根拠を質問することがあった。三河の廻船問屋の過去のいきさつを知りうる家柄として、片山八次郎に尋ねたのである。この質問に片山八次郎は「荷物を船積みしても、船問屋と称するものがいないところは湊とは申さない」と返答をしている。また八次郎は大浜湊浦御《うらご》高札《こうさつ》のいきさつについても伝えている。中世より三河の湊で問丸が確認されているのは大浜湊であるが、五箇所湊のひとつである大浜湊には幕府公認の湊である証ともいえる「浦御高札」がなかった。掲げられたのは、安永二年（一七七三年）年であった。

片山家を訪れ、家康以前の松平家伝承を尋ねる者もいた。その一人に中和泉代官[122]林伊太郎がいる。通称で林《はやし》鶴梁《かくりょう》と号した彼は現在の群馬県高崎市に生まれた。元々は下役人であったが才能を見抜いた藤田《ふじた》東湖《とうこ》の推を得て昇進の道を得ている。甲府勤番師弟の学問所学頭を歴任し、遠江国中泉《とおとうみのくになかいずみ》（静岡県磐田市《いわたし》）代官に昇進している。在任中の安政の大地震では、永続して窮民を救済する「恵済倉《けいさいぐら》」という方法を考案して評価されている。文久元年（一八六一年）には、幕府十四代将軍・徳川家茂《とくがわいえもち》に降嫁した和宮《かずのみや》つきとなっている。生まれ故郷が赤城山《あかぎさん》の近くということから赤城山付近に隠された「徳川埋蔵金の実行者」の逸話すらある人物である。彼は安政二年（一八五五年）七月の大雨で切れた矢作川河口前浜新田堤防修復を視察に訪れた際に、片山八次郎の屋敷を訪れている。彼が片山家を訪れた時は五十歳ほどであった。

伊太郎は片山八次郎に、「家康公以前の松平家殿様から片山家がいただいた品々を拝見させていただきたい」と依頼している。八次郎は、信忠公より十文字の持ち槍などをいただいた経緯を話し、お見せしている。伊太郎は熱心にそれら品々を賞美されたという。品々の多くは手入れが十分でなかったため、以後手入れし修復を心がけたい、と伊太郎との会話から八次郎は、深く思ったと述べている。伊太郎とは、この家に伝わる家康が訪れた時の様々な出来事を楽しく話し、互いによく慣れ親しんだと文書にある。八次郎は伊太郎が訪れた後、十文字の持ち槍を研《みが》き師へ運ぶための箱も新調した。

鷲塚村名主片山家は、村人や村を支配する大浜陣屋からも「特別な家柄」として接せられていた。しかし、当主・八次郎が何らかの務めを果たしたとする文書記録はない。大浜陣屋の業務記録『大浜陣屋日記《おおはまじんやにっき》』に八次郎の名は繰り返し登場するが、すべて使用人や代理人が八次郎役を務めている。

例えば、正月二日に四十程の大浜陣屋支配村の名主、組頭、百姓代が年始祝儀《ねんししゅうぎ》を御陣屋座敷にて行うきまりであった。ところが片山八次郎だけはこの祝儀に参列することはなかった。片山家の使用人が陣屋勝手場に赴き、八次郎の献上物を渡して年始祝儀を行っていたことが『大浜陣屋日記』に記されている。

大浜陣屋とは沼津水野家の飛地で、本藩の初代は信濃松本藩主・水野忠清である。幕府創成期に忠清の娘が嫁いだ片山家であることを考慮すれば帰農した庄屋とはいえ、その対応には陣屋の役人も苦慮したのではないだろうか。地元である鷲塚村では、片山家は「特別な家柄」という言葉で地域の文書には記述され、また認識されていた。

謝辞

本書執筆にあたり、多くの方々にご指導ご鞭撻を賜りました。本書挿絵・地図は、碧南市藤井達吉現代美術館、稲垣尚人氏及び碧南市市史資料調査室の皆様とともに時代考証・地形の変容・地域の特性を検討し、挿絵推測画は稲垣尚人氏に作画していただきました。

水野家二十代当主・霞会館常務理事水野勝之様（東京都）、松本・沼津藩藩主水野忠敬の曾孫、水野忠尚様（東京都）、福山開祖水野勝成公菩提寺賢忠寺東堂、水野覺巖様（広島県福山市）より、水野家ご子孫というお立場から同家の人々の歩みについてご教示を賜りました。

片山家文書を保管する道智山遍照院様（碧南市）、片山家本家、片山綾子様（岡崎市）のご協力で同家文書の解読、研究調査を進めることができました。関係者の皆様に心より御礼申し上げます。

119　幕藩期、片山家は苗字（永代）帯刀、御払米世話方などの特権を有していた。『大浜陣屋日記』碧南市教育委員会、「名目之者」、二〇一一年。

120　三河国の幕府領を支配する代官所は、東海道赤坂宿（豊川市）にあった。

121　寛永十三年（一六三六年）、三河代官所は、大浜・鷲塚（ともに碧南市）・平坂（西尾市）・犬飼（蒲郡市）・御馬（豊川市）の五湊を三河五箇所湊と定めて管理した。

122　遠江・駿河・三河・甲斐（一部）の幕府領を支配する代官陣屋は中泉（磐田市）にあった。

関連年表

西暦	年号	我が陣営にあるべし関連年表	主な史資料
一三三五	建武二年	片山頼武(初代)は足利尊氏軍を攻め破り、新田義貞より家紋を賜る。	『片山家文書』
十五世紀前半		親氏は父有親と三河大浜村称名寺へ行き来する。有親はこの寺で逝去する。	『称名寺文書』
一四二九	永享元年	親氏は加茂郡松平村郷主・松平信重の家へ婿入りをする。	『三河物語』
一四六八	応仁二年	蓮如は上宮寺(岡崎矢作)佐々木如光の案内で三河布教を行う。	『本宗寺栗田記録』
一四九三	明応二年	菊池二十二代当主を十二歳の菊池能運が継ぐと、家中で離反が始まる。	『菊池郡誌』
一四九五	明応四年	片山忠光(六代)、三河へ移り住み吉良左兵衛義元に従う。	『片山家文書』
	年号不明	片山忠正(七代)、吉良氏に従い、後に松平長親安祥城主に属す。	『片山家文書』
一五〇六	永正三年	伊勢新九郎、今川氏親の三河侵攻。片山忠正は槍を合わせ功名を立てる。	『片山家文書』

一五一五	永正十二年	九月四日、片山忠正は信忠より手討ちに（殺害）される。	『片山家文書』
	年号不明	片山正富は松平家を辞し、知多郡成岩へ移住、剃髪し出家。成頓を名乗る。	『片山家文書』
	年号不明	正富の嫡男は成岩太郎勝通（九代）を名乗り水野忠政に仕える。	『片山家文書』
一五二三	大永三年	松平信忠は家督を十三歳の松平清康に譲ると、大浜称名寺に隠居する。	『徳川実紀』
	年号不明	片山遵通（十代）は三河国鷲塚村に移り住み、本姓を片山に戻す。	『片山家文書』
一五四一	天文十年	水野忠重が水野忠政の九男として刈谷城に生まれる。	『寛政重修諸家譜』
一五四二	天文十一年	竹千代（徳川家康）が岡崎で松平広忠、於大の子として生まれる。	『松平記』
一五四三	天文十二年	於大の父、水野忠政が亡くなる。次男の信元が水野家の跡継ぎとなる。	『徳川実紀』
一五四四	天文十三年	水野信元、親松平政策を変え、織田信秀と手を結ぶ。	『武家事紀』
	〃	松平広忠は於大と離別する。竹千代三歳。	『徳川実紀』
	〃	刈谷に帰され、於大は椎の木屋敷の庵に暮らす。	『刈谷市史』
一五四五	天文十四年	水野太郎作清久（正重）が水野清信（緒川水野）の長男として生まれる。	『寛永諸家系図』

一五四六	天文十五年	水野信元は、知多半島で勢力を急拡大させる。	『水野忠重と片山家』
一五四七	天文十六年	織田信長は、初陣武者始めとして、三河の吉良大浜を攻める。	『信長公記』
	〃	於大は阿久比の坂部城主久松俊勝と再婚する。	『参河志水野氏系譜』
	〃	松平広忠は竹千代を今川へ人質として差し出す。	『三河物語』
一五五八	永禄元年	石ケ瀬合戦（現大府市）で水野忠重（十八歳）活躍する。	『武家事紀』
一五六〇	永禄三年	五月十九日、片山勝高は尾州丸根砦攻城戦で討ち死にする。	『片山家文書』
	〃	五月十九日、水野太郎作清久、桶狭間合戦の一番首の高名を得る。	『武家事紀』
	〃	五月十九日、桶狭間合戦で、今川義元は織田信長に討ち取られる。	『信長公記』
	〃	五月十九日、水野信元は、大高城の松平元康に至急岡崎へ帰るよう勧める。	『寛政重修諸家譜』
一五六一	永禄四年	松平元康は、今川氏の後ろ盾のない吉良義昭を降伏させる。	『三河物語』
	〃	碧海郡鷲塚村は、吉良領から松平家の岡崎領となる。	『神有郷土記』
	〃	永禄三年より永禄四年の間、刈谷水野衆と岡崎松平衆はたびたび戦となる。	『松平記』巻二
	〃	松平勢は討ち取った四十七の首級を十八町畷にさらし、戦果を	『神武創業録』三巻

		誇示する。	
	〃	水野忠重は、兄信元に不足があり、三河鷲塚で牢居を始める。	『水野勝成覚書』
	〃	水野忠重、水野清信、水野太郎作、村越又一郎らは、片山家の客分となる。	『片山家文書』
一五六二	永禄五年	松平元康は、今川義元から拝領した「元」の一字を改め家康とした。	『三河物語』
	〃	水野信元の仲介で、織田信長と松平家康の清洲同盟が成立する。	『徳川実紀』
一五六三	永禄六年	十月頃、三河一向一揆が勃発し、松平家臣団に分裂と動揺が広がる。	『三河物語』
	〃	家康は鷲塚片山家を訪れ、水野家武将に家康陣営に加わることを求める。	『水野勝成覚書』
	〃	十一月、水野忠重、太郎作らは片山家の用意した武具で岡崎城へ出陣する。	『片山家文書』
一五六四	永禄七年	一月三日、小豆坂の戦いで忠重は石川新七郎を、太郎作は大見藤六を討つ。	『藩翰譜』巻一
	〃	一月十一日、一揆勢と家康勢は、岡崎上和田で激戦となる。	『改正三河後風土記』
	〃	二月八日、水野信元は、二千の兵で加勢をする。鷲塚御坊を攻め	『碧南事典』

一五六四	永禄七年	寺を焼く。	
		二月八日、水野勢は一揆衆に包囲されていた西尾城に兵糧米を搬入する。	『三河国門徒兵乱記』
	〃	二月八日、野寺本證寺勢は、安城小川で松平、水野勢と激戦になる。	『三河国門徒兵乱記』
	〃	水野信元が一揆勢との和睦を仲介する。寺側は武装解除に応じる。	『渡辺忠右衛門覚書』
	〃	二月二十八日、三河一向一揆が平定される。一揆の首謀者は国払いとなる。	『三河国門徒兵乱記』
	〃	松平家康は、水野忠重を鷲塚村の地頭に任じ、鷲塚城主とする。	『神有郷土記』
	〃	水野藤十郎忠重は水野惣兵衛忠重と名を改める。	『神有郷土記』
	〃	八月十五日、水野忠重の嫡男、国松(後の勝成)が生まれる。	『寛政重修諸家譜』
一五六五	永禄八年頃	水野忠重の子勝成、水野太郎作の子義重らは、片山遵智屋敷で生活をする。	『太郎作殿御由緒事』
	〃	水野太郎作清信は、片山家で亡くなる。鷲塚城南の大塚に葬る。	『片山家文書』
一五六六	永禄九年	松平家康、朝廷の許しを得て、徳川家康と名を改める。	『徳川実紀』
一五六八	永禄十一年	水野太郎作が掛川攻めで重傷となる。家康は外科医丸山清林に	『改正三河後風土記』

		治療をさせる。	
一五七二	元亀三年	水野忠重は、三方ヶ原合戦の功で家康から槍・兜を与えられる。	『寛政重修諸家譜』
	〃	水野太郎作は、三方ヶ原合戦の殿を務め家康から褒められる。	『水野左近覚書』
一五七四	天正二年	正月一日、太郎作は家康に同伴し、信長の浅井長政御首の酒席に同席する。	『水野左近覚書』
一五七五	天正三年	五月一日、武田軍に長篠城が包囲されると、鳥居強右衛門は岡崎へ向かう。	『甫庵信長記』
	〃	五月六日、武田軍は吉田城に迫り、水野忠重は右ひじに鉄砲傷を受ける。	『寛政重修諸家譜』
	〃	十二月二十七日、水野信元は佐久間信盛の讒言により殺害される。	『松平記』
	〃	水野信元の男子は密かに隠し置かれ外様の土井家へ養子（利勝）となる。	『松平記』
一五七八	天正六年	十二月八日、水野太郎作は、有岡城城兵の矢で首を打ち通される。	『水野左近覚書』
	〃	十二月八日、忠重、太郎作の義兄都築藤太夫、有岡城攻撃で鉄砲により討ち死にとなる。	『水野左近覚書』

一五八〇	天正八年	三月、水野忠重の長男、国松（十六歳、後の水野勝成）初陣を迎える。	『水野勝成覚書』
	〃	八月二十五日、信長は佐久間信盛に「十九ケ条の折檻状」を示し追放する。	『信長公記』
	〃	九月二十三日、信長は、水野忠重（四十歳）を刈谷城主とする。	『家忠日記』
	〃	鷲塚城には代官が入り、関東移封の天正十八年まで鷲塚村を支配した。	『神有村當村の沿革』
一五八二	天正十年	三月十一日、織田、徳川に攻められ武田氏滅亡する。	『三河物語』
	〃	六月二日、明智光秀の謀叛により、本能寺にて織田信長は自刃した。	『信長公記』
	〃	徳川家康は堺にいた伊賀越えで岡崎へ帰還する。	『家忠日記』
	〃	水野忠重の四男、水野忠清が刈谷城で生まれる。	『寛政重修諸家譜』
一五八三	天正十一年	水野忠重は織田信雄・豊臣秀吉側で柴田勝家と賤ケ岳で戦う。	『寛政重修諸家譜』
	〃	徳川家康は三河国での一向宗門の禁制を解く。本願寺派は寺院の再興へ向かう。	『妙春宛教如書状』
一五八四	天正十二年	四月六日、永井直勝が小牧・長久手合戦で池田恒興を討ち取る。	『日本戦史』
	〃	水野太郎作の足軽、杉山孫六が美濃金山城主、森長可を射殺する。	『改正三河後風土記』

	〃	十一月二十九日、天正地震発生する。美濃・近江で被害甚大となる。	『家忠日記』
一五八五	天正十三年	水野勝成は、父忠重の家臣富永半兵衛を斬って出奔する。	『水野勝成覚書』
	〃	水野忠重は勝成を勘当し、勝成（二十二歳）は秀吉に仕える。	『物語水野勝成』
一五八八	天正十六年	水野勝成は、小西行長や加藤清正に仕える。	『物語水野勝成』
一五九〇	天正十八年	水野忠重は豊臣秀吉の小田原北条氏攻めに従軍する。秀吉が論功行賞を与える。	『寛政重修諸家譜』
	〃	八月、徳川家康は関東移封となり、江戸城へ移る。	『徳川実記』
	〃	水野忠重は、伊勢国神戸城（四万石・現三重県鈴鹿市）へ移封となる。	『寛政重修諸家譜』
一五九七	慶長二年	水野勝成は、備中成羽の三村親成のもとに身を寄せる。	『物語水野勝成』
一五九九	慶長四年	徳川家康は水野忠重娘「かな」（十八歳）を養女とし、加藤清正に嫁がせる。	『加藤家御侍帳』
	〃	三月、水野勝成は、家康の仲介で父忠重に対面し、勘当を解かれる。	『寛政重修諸家譜』
一六〇〇	慶長五年	七月初旬、片山遵智に刀を下賜し、功名を立てるよう伝える。	『片山家文書』
	〃	七月十九日、水野忠重、池鯉鮒で加賀井重望に殺害される。	『片山家文書』
	〃	九月十五日、徳川家康は関ヶ原合戦に勝利。水野勝成、水野忠胤	『日本戦史』『徳川実記』

		は大垣城を攻略する。	
一六〇二	慶長七年	八月二十八日、於大亡くなる。法名伝通院殿蓉誉光岳智香大禅定尼。	『寛政重修諸家譜』
一六〇五	慶長十年	七月二十三日、碧海郡米津村が掘り割られ矢作新川が完成する。	『国史大辞典』
一六〇六	慶長十一年	五月二十五日、於亀亡くなる。法名現照院光誉松貞大姉。	『徳川実記』
一六一五	慶長二十年	五月七日、大坂の陣、家康本陣を攻める真田勢を水野勝成勢が撃破する。	『武家事紀』
	〃	五月七日、水野忠清は、大野治房を破るという大功を立てる。	『武家事紀』
	〃	五月七日、水野太郎作清次（清久二男）大坂の陣で首二級を得る。	『寛政重修諸家譜』
一六一六	元和二年	四月十七日、徳川家康亡くなる。戒名安国院殿徳蓮社崇誉道和大居士。	『寛政重修諸家譜』
一六一七	元和三年	十二月四日、水野太郎作清久、京都において死す。紫野大徳寺に葬る。	『寛政重修諸家譜』
一六一九	元和五年	水野太郎作義重、徳川頼宣に随行、世襲家老の家柄として紀州藩に赴く。	『寛政重修諸家譜』

	〃	徳川秀忠は水野勝成を西国の抑えとして備後福山（十万石）へ入封させる。	『武家事紀』
	〃	片山通利（道智嫡男）水野勝成家士となり備後福山へ移る。高二百石。	『藩史大辞典』
一六二一	元和七年	三月二十五日、片山遵智亡くなる。戒名霊池院真誉遵智居士。	『片山家文書』
一六二二	元和八年	八月十五日、福山城完成する。水野勝成が入城する。	『片山家過去帳』
	〃	水野勝成は、父忠重菩提のため曹洞宗の賢忠寺を建立する。	『西備名区』
一六二五	寛永二年	片山道智、伝通院末寺遍照院を建立。開基は伝通院十二代林冏住職。	『日本歴史地名体系』
一六三八	寛永十五年	水野勝成、徳川秀忠の命により子勝俊、孫勝貞とともに島原の乱へ出陣する。	『徳川実記』
	〃	片山道智室（水野忠清娘）亡くなる。戒名智成院心月妙安大姉。	『片山家過去帳』
一六四二	寛永十九年	水野忠清、信濃松本（七万石）へ入封する。	『寛政重修諸家譜』
一六五一	慶安四年	十月八日、片山道智亡くなる。戒名本立院興庵道智居士。	『片山家過去帳』
一六七四	延宝二年	片山八次郎、東海道の矢作橋架橋普請（岡崎市）を請け負い完成させる。	『片山家文書』

主な人名一覧

〔あ行〕

秋月 種長（あきづき たねなが）

永禄十年〜慶長十九年（一五六七年〜一六一四年）。豊臣秀吉の九州征伐では、父とともに豊臣軍と戦うが降伏する。関ケ原合戦は西軍として大垣城を守備。旧知である水野勝成の勧めで東軍に内応する。籠城する弟の高橋元種や井伊直政に内通していた相良頼房を誘い、熊谷直盛他四名を謀殺し、東軍に降伏する。

秋山 虎繁（あきやま とらしげ）

大永七年〜天正三年（一五二七年〜一五七五年）。武田家家臣で譜代家老衆。武田二十四将の一人。遠山景任の妻であったおつやの方（織田信長の叔母）を妻とした。信長により長良川にて「逆さ磔」に処される。

明智 光秀（あけち みつひで）

永正十三年〜天正十年（一五一六年〜一五八二年）。足利義昭に仕え、後に織田信長に仕える。天正十年（一五八二年）、京都の本能寺で織田信長を討つ。

浅井 長時（あさい ながとき）

永禄十二年〜天正十二年（一五六九年〜一五八四年）。織田家重臣。天正十二年（一五八四年）長時は、織田信雄の秀吉に内通したとする怒りから長島城に呼び出され謀殺される。

浅井 長政（あさい ながまさ）

天文十四年〜天正元年（一五四五年〜一五七三年）。北近江の戦国大名、浅井氏最後の当主。妻の兄である織田信長と同盟を結ぶが、後に信長と決裂して織田・徳川軍との戦いに敗れる。

浅井 道忠（あさい みちただ）

享禄四年～天正十七年（一五三一年～一五八九年）。水野信元家臣で後に徳川家康家臣。碧海郡箕輪村の土豪。桶狭間合戦では今川義元の討ち死にを松平元康に知らせる。大高城松平勢の退却道案内を務める。

朝倉 義景（あさくら よしかげ）

天文二年～天正元年（一五三三年～一五七三年）。越前の戦国大名。足利義昭の上洛命令を二度にわたり拒否し、信長に越前出兵の口実を与えてしまう。信長との一乗谷城の戦いに敗れ自刃を遂げる。

浅野 内匠頭（あさの たくみのかみ）

寛文七年～元禄十四年（一六六七年～一七〇一年）。名は長矩。播磨赤穂藩の第三代藩主。江戸城本丸（松の廊下）で吉良義央に対し刃傷に及んだ。内匠頭は即日切腹、赤穂藩五万石は取り潰しとなった。

朝比奈 泰朝（あさひな やすとも）

生没年不明。戦国時代の今川家家臣。掛川城主。泰朝は重臣の大半が今川氏真を見限る中で、最後まで忠義を尽くし氏真を支えた。

足利 長氏（あしかが おさうじ）

建暦元年～正応三年（一二一一年～一二九〇年）。足利氏の有力一門。吉良氏の祖。三河国吉良荘の地頭職。

足利 義氏（あしかが よしうじ）

文治五年～建長六年（一一八九年～一二五五年）。承久の乱で三河国守護を得て、東西交流路（鎌倉街道・京鎌倉往還）を押さえる。子孫に尊氏をはじめ吉良氏、今川氏を誕生させる。西条（西尾城）を築城。

足利 義満（あしかが よしみつ）

延文三年～応永十五年（一三五八年～一四〇八年）。室町幕府三代将軍。南北朝合一を果たし、幕府権力を確立する。

穴山 梅雪（あなやま ばいせつ）

天文十年～天正十年（一五四一年～一五八二年）。武田家家臣、武田二十四将の一人。織田信長の甲州征伐が始まると武田氏を離反する。

天草 四郎（あまくさ しろう）
元和七年～寛永十五年（一六二一年～一六三八年）。島原の乱におけるキリシタン農民一揆軍の総大将。

荒川 義広（あらかわ よしひろ）
生没年不明。三河一向一揆の際、吉良義昭とともに一揆衆に与して家康軍と戦うが、敗れ河内国へ出奔する。

荒木 村重（あらき むらしげ）
天文四年～天正十四年（一五三五年～一五八六年）。池田家家臣から織田家家臣となる。天正六年（一五七八年）、有岡城にて突如、信長に謀叛を起こす。その後妻子、城兵を有岡城に見捨て出奔する。

井伊 直政（いい なおまさ）
永禄四年～慶長七年（一五六一年～一六〇二年）。徳川家家臣、徳川四天王の一人。家康の天下取りを支える。近江彦根初代藩主。

池田 恒興（いけだ つねおき）
天文五年～天正十二年（一五三六年～一五八四年）。清洲会議に出席した四人の織田家重臣の一人。小牧・長久手の戦いでは、秀吉方で参戦。娘婿の森長可とともに戦死。永井直勝に討ち取られる。

石川 家成（いしかわ いえなり）
天文三年～慶長十四年（一五三四年～一六〇九年）。母は水野忠政の娘妙春尼。三河一向一揆では熱心な真宗門徒であったにもかかわらず家康側についた。

石川 数正（いしかわ かずまさ）
天文二年～文禄二年（一五三三年～一五九三年）。家康の有力家臣。桶狭間合戦後、今川氏真と交渉し家康の嫡男・信康と正室・築山殿を今川方から取り戻した。信康の後見人。小牧・長久手合戦後、秀吉のもとへ出奔し、信濃国松本十万石領主に移封される。

石川 清兼（いしかわ きよかね）
生年不明～天正六年（～一五七八年）。松平家重臣。三河本證寺の有力門徒。三河一向一揆では家康についた。妻は水野忠政の娘妙春尼。

石川 新七郎（いしかわ しんしちろう）
生年不明～永禄七年（～一五六四年）。古文書では、新八とするものもある。真宗門徒。三河一向一揆では、門徒武士の大将格であったが、水野忠重により討ち取られる。

石田 三成（いしだ みつなり）
永禄三年～慶長五年（一五六〇年～一六〇〇年）。豊臣家家臣。豊臣政権の奉行として活躍。五奉行のうちの一人。秀吉の死後家康打倒のため西軍をまとめるが、関ケ原合戦で敗れる。

伊勢 新九郎（いせ しんくろう）
永享四年～永正十六年（一四三二年～一五一九年）。北条早雲の名で知られる。室町幕府奉公衆から小田原城を奪取する。伊豆を平定する。今川家の武将として三河に出兵し、松平長親と戦う。

今川 氏真（いまがわ うじざね）
天文七年～慶長十九年（一五三八年～一六一五年）。桶狭間合戦後、今川家を継ぐが、家臣の離反を招く。今川から離反した家康と和議を結び庇護を受けた。

今川 氏親（いまがわ うじちか）
文明三年～大永六年（一四七一年～一五二六年）。駿河今川九代当主。今川義元の父、北条早雲の甥にあたる。

今川 義元（いまがわ よしもと）
永正十六年～永禄三年（一五一九年～一五六〇年）。「海道一の弓取り」の異名を持つが、桶狭間合戦で織田信長軍に敗れる。

岩城 魁（いわき かい）
生没年不明。沼津藩士。幕末から明治期にかけて活躍した漢学者、歴史学者。三河大浜陣屋に勤務する期間があった。

大久保 忠佐（おおくぼ ただすけ）
天文六年～慶長十八年（一五三七年～一六一三年）。徳川十六神将の一人。駿河国沼津藩主。

大久保 忠教（おおくぼ ただたか）
永禄三年～寛永十六年（一五六〇年～一六三九年）。

通称は彦左衛門。『三河物語』の著者。俗に「天下の御意見番」と講談などで「義侠の士」と慕われた。

太田 牛一（おおた ぎゅういち）
大永七年〜慶長十八年（一五二七年〜一六一三年）。『信長公記』の著者。『信長公記』の歴史史料性は評価されている。織田信長の家臣、足軽衆から近待衆となる。

大石 内蔵助（おおい しくらのすけ）
万治二年〜元禄十六年（一六五九年〜一七〇三年）。本名は良雄。播磨赤穂藩筆頭家老。赤穂事件における吉良邸討ち入りでの四十七士の指導者として知られる。

大見 藤六（おうみ とうろく）
生年不明〜永禄七年（〜一五六四年）。正月大見藤六は、徳川方にあり翌日の戦いの作戦を聞き、そしてそのまま一揆方土呂本宗寺側に寝返った。家康は臣下に藤六を討て、これは大きな忠義だと檄を飛ばしたという。一月三日、水野太郎作正重に討ち取られる。

於亀（おかめ）
生年不明〜慶長十一年（〜一六〇六年）。水野忠政の娘、三河鷲塚片山遵通へ嫁ぐ。於亀の法名は尾州無量寿寺役寺信光寺の記録では「現照院釈松貞大姉」とある。没日は慶長十一年（一六〇六年）九月二十五日。於大は姉にあたる。弟の水野忠重や水野太郎作らが刈谷城主水野信元と不和になると於亀は片山屋敷で受け入れる。三河一向一揆が勃発すると、家康から牢居する水野家武将に助力の要請があった。於亀は、武具を用意する。水野家の武将らは片山家より岡崎へ出陣する。この出陣が、水野氏の松平（徳川）氏への初めての奉公となる。

奥平 信昌（おくだいら のぶまさ）
弘治元年〜慶長二十年（一五五五年〜一六一五年）。武田方から徳川氏に寝返る。天正元年（一五七三年）武田勝頼は奥平氏の籠る長篠城へ押し寄せたが、鳥居強右衛門の活躍もあり、信昌の長篠城は落城を免れた。

尾崎 士郎（おざき しろう）

明治三十一年～昭和三十九年（一八九八年～一九六四年）西尾市吉良町に生まれる。小説家。流行作家。昭和八年（一九三三年）都新聞に『人生劇場』を連載し大ベストセラー作家となる。文芸懇話会賞などを受賞する。

長田 重元（おさだ しげもと）

永正元年～文禄二年（一五〇四年～一五九三年）。松平家家臣。永井直勝の実父。海路を守る大浜の砦、羽城の守将。織田信長の初陣から大浜湊を守る。

於大（おだい）

享禄元年～慶長七年（一五二八年～一六〇二年）。水野忠政の娘、松平広忠の正室で徳川家康の母。忠政が死去後、兄の信元が織田氏に属すと於大は広忠に離縁され、久松俊勝に再嫁する。

織田 信雄（おだ のぶかつ・のぶお）

永禄元年～寛永七年（一五五八年～一六三〇年）。信長の次男。羽柴秀吉により名目上の主君として織田家を継ぐ。信雄は秀吉、家康に天下を奪われ、不肖の息子と呼ばれながらも戦国時代を生き抜いている。江戸時代での織田氏大名家は血筋では信雄のみである。

織田 信孝（おだ のぶたか）

永禄元年～天正十一年（一五五八年～一五八三年）。信長の三男。秀吉と兄織田信雄に攻められ、岐阜城において自害に追い込まれた。

織田 信忠（おだ のぶただ）

弘治三年～天正十年（一五五七年～一五八二年）。信長の長男。信長から家督を受け継ぐ。明智光秀に攻められ本能寺の変に際し自刀。

織田 信秀（おだ のぶひで）

永正八年～天文二十一年（一五一一年～一五五二年）。信長の父。今川氏豊の那古野城を謀略で奪い取り、現在の名古屋市周辺に勢力を拡大した。戦国大名尾張織田信長の飛躍の基盤を築いた。

おつやの方（おつやのかた）

生年不明～天正三年（～一五七五年）。織田信定の娘。信長の叔母。美濃の国人の遠山景任の妻、岩村城主となるが、城兵を守るため、攻城する武田氏家臣の秋山虎繁の要求に応じ妻となる。数奇な運命受け入れざるを得なかった戦国時代女性のひとり。

〔か行〕

加賀井 重望（かがのい しげもち）

永禄四年～慶長五年（一五六一年～一六〇〇年）。美濃加賀野井城主。関ヶ原合戦の直前、三河国地鯉鮒（現・愛知県知立市）において水野忠重を殺害する。

片山 勝高（かたやま かつたか）

生年不明～永禄三年（～一五六〇年）。片山家十一代。松平元康（家康）家臣。桶狭間合戦の前日、五月十九日、尾州丸根合戦戦場で討ち死にする。

片山 忠正（かたやま ただまさ）

生年不明～永正十一年（～一五一四年）九月四日没。片山家七代。松平長親・信忠家臣。永正三年（一五〇六年）八月、今川・北条との合戦に功名を立てる。永正十一年（一五一四年）九月四日、松平信忠に手打ちにされる。

片山 忠光（かたやま ただみつ）

生年不明～永正五年（～一五〇八年）十月十日没。片山家六代。菊池能運と不和になり明応四年（一四九五年）二月肥後国を立ち退く。三河国西条（西尾）吉良家へ息子の忠正とともに仕える。

片山 遵智（かたやま のぶとも）

生年不明～元和七年（～一六二一年）三月二十五日没。片山家十二代。水野忠重家臣。母は水野忠政娘の於亀。妻は永井直勝娘（養女・実父杉浦藤八）。遵智は幼少期、水野忠重の嫡男・勝成、水野太郎作の子である清次・義重らと馬の稽古に励む。遵智は、慶長五年七月、刈谷城主・水野忠重より西軍石田三成らに備え、「この刀にて高名仕り候様」との御意にて、「関の刀」を拝領する。

片山　遵通（かたやま　のぶみち）
生年不明～永禄三年（～一五六〇年）二月二十五日没。片山家十代。父勝通とともに松平家を離れ、成岩姓を名乗り、水野忠政に仕える。その後、松平清康により松平家へ呼び戻される。三河鷲塚村に住居し、片山姓に戻る。妻は水野忠政の娘・於亀。

片山　八次郎（かたやま　はちじろう）
生年不明～延宝四年（～一六七六年）九月二十四日没。片山家十五代。鷲塚村庄屋・矢作川流域幕府領の納米係。三河廻船問屋の格となる。延宝四年（一六七六年）に完成した矢作橋普請の請人を務める。

片山　通利（かたやま　みちとし）
生年不明～寛永十四年（～一六三七年）八月十四日没。片山道智嫡男。水野勝成家臣。片山姓を祖母於亀の水野姓に改め備後福山へ移る。高二百石頂戴。妻は備後国清水与三衛門の娘。

片山　正富（かたやま　まさとみ）
生没年不明。片山家八代。松平家家臣。父が松平信忠に殺害されると松平家を辞し尾州成岩へ移り出家、剃髪し僧となる。成頓と名乗った。

片山　道智（かたやま　みちとも）
生年不明～慶安四年（～一六五一年）十月八日没。片山家十三代。帰農し鷲塚村庄屋となる。水野太郎作（清信）血筋の道智が片山家の養子となり、妻は水野忠清の娘。水野家同士のもらい合わせで片山家を継ぐ。先祖追善供養のため江戸小石川伝通院末寺遍照院を鷲塚村に建立。開基は伝通院十二代林冏（りんけい）上人。

片山　頼武（かたやま　よりたけ）
生年不明～明徳四年（～一三九三年）二月二十四日没。片山家初代。菊池の一族で、肥後の国（熊本県）菊池の住人。建武二年（一三三六年）二月、官軍菊池武重とともに箱根合戦を戦う。同年三月、新田義貞の先手となり功名を立てる。義貞より貫目大中黒ノ紋を賜る。以後、武器には、大中黒紋と自紋を両用する。

懐良親王（かねよししんのう）

生年不明〜永徳三年（〜一三八三年）。後醍醐天皇の皇子、南朝の征西将軍宮として、肥後国隅府（熊本県菊池市）を拠点に勢力を広げる。九州における南朝方の全盛期を築く。

菊池 武政（きくち たけまさ）

興国三年〜文中三年（一三四二年〜一三七四年）。菊池氏十六代当主。九州の北朝側勢力と戦う。

菊池 能運（きくち よしかず）

文明十四年〜永正元年（一四八二年〜一五〇四年）。菊池氏二十二代当主。正統菊池城最後の城主。

吉良 義昭（きら よしあき）

生没年不明。三河東条吉良氏当主。三河一向一揆では、門徒側と同盟を結ぶが敗れる。吉良家は兄義安に家督継承が認められる。

吉良 義周（きら よしちか）

貞享三年〜宝永三年（一六八六年〜一七〇六年）。米沢藩主上杉綱憲の次男に生まれ、五歳で吉良義央の養子となる。赤穂事件後、諏訪高島城下での配流（追放刑）生活を送るが二十一歳で病死する。西条吉良家は断絶した。

吉良 義央（きら よしひさ）

寛永十八年〜元禄十五年（一六四一年〜一七〇二年）。吉良上野介と称される。元禄赤穂事件の中心人物。赤穂浪士の吉良邸討ち入りで亡くなる。文楽、歌舞伎の演目「忠臣蔵」で知られる。

空 誓（くうせい）

天文十六年〜慶長十四年（一五四七年〜一六一四年）。蓮如の孫、本證寺十世。三河一向一揆では一揆勢を率いて家康と戦う。一揆後は、一時期矢作川上流に隠れ住む。天正十三年（一五八五年）本證寺が復興を果たすと家康に接近し、諸役免除の特権を回復させている。

九鬼 嘉隆（くき よしたか）

天文十一年〜慶長五年（一五四二年〜一六〇〇年）。九鬼氏十一代当主。九鬼水軍として織田信長、豊臣

秀吉に仕える。関ケ原合戦では、すでに家督を譲った次男・守隆を東軍につけた。父・嘉隆は西軍に与し、合戦後自害する。子の守隆が初代鳥羽五万六千石藩主となった。

〔さ行〕

酒井 忠次（さかい ただつぐ）

大永七年～慶長元年（一五二七年～一五九六年）。徳川四天王。徳川十六神将。三河一向一揆では、酒井氏の多くは一揆側についたが、忠次は家康に従った。「海老すくい」という踊りが得意であったとされる。

酒井 忠尚（さかい ただなお）

生年不明～永禄八年（～一五六五年）。三河上野城主。三河一向一揆では、門徒側に与した。

榊原 康政（さかきばら やすまさ）

天文十七年～慶長十一年（一五四八年～一六〇六年）。徳川四天王。徳川十六神将。徳川三傑に数えられる。家康覇業の功臣。達筆なことから、よく家康書状の代筆をした。

佐久間 信盛（さくま のぶもり）

大永八年～天正十年（一五二八年～一五八二年）。鳴海城主。織田家の宿老。水野信元が武田方岩村城の秋山虎繁へ兵糧を流していると信長に訴える。天正八年（一五八〇年）、信長より十九ケ条の折檻状を突きつけられ、織田家を追放される。

佐久間 盛重（さくま もりしげ）

生年不明～永禄三年（～一五六〇年）。通称は佐久間大学。桶狭間合戦では、丸根砦の守備に置かれる。家康勢に攻撃され討ち死にする。

真田 信繁（さなだ のぶしげ）

永禄十年～慶長二十年（一五六七年～一六一五年）。幸村の名で知られる。大坂夏の陣では、家康を追い詰め、本陣まで攻め込んだ。信繁には、家康が兄・真田信之に信濃一国四十万石で弟の調略を命じたとする逸話がある。

〔た行〕

滝川 一益（たきがわ かずます）

大永五年～天正十四年（一五二五年～一五八六年）。織田家の宿老。若年の頃、堺に出て鉄砲の射撃と製造技術を学ぶ。毛利水軍との戦いでは、九鬼嘉隆に協力し大安宅船を建造した。

武田 勝頼（たけだ かつより）

天文十五年～天正十年（一五四六年～一五八二年）。武田氏十七代当主。信玄の死により家督を相続。織田信長・徳川家康の軍に長篠の戦いで大敗する。信長による甲州征伐・天目山の戦いで自害する。

武田 信玄（たけだ しんげん）

大永元年～元亀四年（一五二一年～一五七三年）。甲斐の守護大名。越後の上杉謙信と五次にわたる川中島の戦いをする。徳川氏と三河・遠江を巡り対立した。三方ケ原の戦いで家康を敗退に追い込む。

谷 宗牧（たに そうぼく）

生年不明～天文十四年（～一五四五年）。戦国時代の連歌師。後奈良天皇から委託された奉書を尾張国の織田信秀や三河国の松平広忠に届ける。この旅の記録を『東国紀行』として残す。

築山殿（つきやまどの）

生年不明～天正七年（～一五七九年）。徳川家康の正室。松平信康の母。武田氏との内通が発覚し処刑される。

都築 藤太夫（つづき とうだゆう）

生年不明～天正六年（～一五七八年）十二月八日。父親は都築吉豊。水野忠重・水野太郎作正重の義兄。摂津有岡城攻めに従軍したが、この戦いで太郎作正重は負傷し、藤太夫は討ち死にとなる。

都築 吉豊（つづき よしとよ）

生没年不明。吉豊の娘姉妹が、水野忠重、水野太郎作正重に嫁ぐ。（『寛政重修諸家譜』による）忠重と太郎作は相婿の関係にあり、ともに都築吉豊は義父となる。水野勝成・水野忠胤の母方祖父。

土井 利勝（どい としかつ）

元亀四年～寛永二十一年（一五七三年～一六四四年）。水野信元の庶子。老中、大老を務める。一国一城令、武家諸法度、参勤交代などの制定に関わる。名実ともに幕府の最高権力者として活躍する。片山遵智の子の一人は、土井大炊頭利勝が扱引を以って威公に奉仕する。二百石を賜って書院番組となるとする記述が『片山家文書』にある。

遠山 景任（とおやま かげとう）

生年不明～元亀三年（～一五七二年）。岩村城主で岩村遠山氏最後の当主。妻は織田信長の叔母おつやの方。

徳川 秀忠（とくがわ ひでただ）

天正七年～寛永九年（一五七九年～一六三二年）。江戸幕府第二代将軍。家康は秀忠を「守成の時代」の主君に相応しいとした。武家諸法度・禁中並公家諸法度の制定を行う。水野勝成を西国の抑えとするため備後福山藩主を命じる。幕府政治の基礎を固めた将軍と評価される。

徳 姫（とくひめ）

永禄二年～寛永十三年（一五五九年～一六三六年）。織田信長の長女。松平信康の正室。父信長に、築山殿と信康の罪状を訴える。

富永 忠元（とみなが ただもと）

天文六年～永禄四年（一五三七年～一五六一年）。東条吉良氏の家老。吉良義昭の家老。松平家康との抗争で功名を立てる。藤波畷の戦いで戦死する。

豊臣 秀頼（とよとみ ひでより）

文禄二年～慶長二十年（一五九三年～一六一五年）。豊臣秀吉の子。秀吉の側室茶々（淀殿）の第二子。妻は徳川秀忠の娘・千姫。大坂夏の陣にて自害する。ただ秀頼には大坂城を抜け出て生存したとする説もある。

鳥居 強右衛門（とりい すねえもん）

天文九年～天正三年（一五四〇年～一五七五年）。奥平家家臣。長篠の戦いでは、長篠城落城を前に岡崎城へ援軍要請に赴く。帰城時、武田方に捕まり「援軍は来ない」と報せよと強いられたが「援軍が来る」と報じて味方を鼓舞した。強右衛門の忠義は、戦前の国定教科書に掲載され広く知られていた。

鳥居 忠広（とりい ただひろ）
生年不明～元亀三年（～一五七三年）。徳川家家臣。三河の一向一揆では家康と敵対したが後に帰参した。徳川十六神将の一人。

〔な行〕

内藤 昌秀（ないとう まさひで）
大永二年～天正三年（一五二二年～一五七五年）。武田家重臣、武田四天王の一人。武略に長け、武田の副将格を務める。

永井 直勝（ながい なおかつ）
永禄六年～寛永二年（一五六三年～一六二六年）。碧海郡大浜郷（碧南市）に生まれる。松平信康に仕える。小牧・長久手の戦いで池田恒興を討ち取る。父は長田重元だが永井姓に改姓する。直勝は杉浦藤八の娘を養女とし、片山家十二代片山遵智に嫁がせる。下総古河藩七万二千石の初代藩主となる。

夏目 吉信（なつめ よしのぶ）
永正十五年～元亀三年（一五一八年～一五七三年）。松平氏譜代家臣。三河一向一揆では家康に敵対する。一揆後は帰参が許された。三方ケ原の戦いでは、家康を逃すために、自ら家康を称して身代わりとなり戦死する。明治の文豪夏目漱石は、夏目氏の後裔としている。

成岩 太郎勝通（ならわ たろうかつみち）
生年不明～弘治三年（～一五五七年）二月十六日没。片山家九代、水野忠政に仕える。成岩（現半田市）に移り住んだことから成岩を名乗った。

新田 義貞（にった よしさだ）
正安三年～延元三年（一三〇一年～一三三八年）。河内源氏義国流新田氏本宗家八代。鎌倉幕府を滅亡し、後醍醐天皇による建武の新政樹立の立役者となる。片山家初代頼武は建武二年（一三三五年）足利尊氏との戦いで、新田義貞より貫目大中黒ノ紋の使用を許されたという。

如円（にょえん）

生没年不明。蓮如の父・存如の正室。蓮如六歳の時、海老名氏の娘・如円尼が本願寺に迎えられ、蓮如の実母は本願寺を退去した。蓮如は継母のもとで育った。

如光（にょこう）

応永二十一年〜応仁二年（一四一四年〜一四六八年）。碧海郡西端村（碧南市）の杉浦一族に生まれる。佐々木上宮寺に養子として迎えられた。後に蓮如に帰依し、三河地方の浄土真宗布教に活躍する。

〔は行〕

蜂屋 半之丞（はちや はんのじょう）

天文八年〜永禄七年（一五三九年〜一五六四年）。徳川家家臣。本名蜂屋貞次。三河一向一揆では門徒側に与した。家康より帰参が許される。徳川十六神将の一人。

馬場 信春（ばば のぶはる）

永正十二年〜天正三年（一五一五年〜一五七五年）。武田四天王の一人。教来石景政は馬場氏の名跡を継ぎ馬場信春と改名する。長篠の戦いで討ち死にする。

久松 定俊（ひさまつ さだとし）

大永六年〜天正十五年（一五二六年〜一五八七年）。尾張国知多郡坂部城主、俊勝の名で知られる。家康の生母於大の再婚相手。

林 伊太郎（はやし いたろう）

文化三年〜明治十一年（一八〇六年〜一八七八年）。伊太郎は通称で名は鶴梁。元々は下役人だが藤田東湖の抜擢で幕府代官へと昇進した。卓越した学問と見識を備えていたとされる。

平岩 親吉（ひらいわ ちかよし）

天文十一年〜慶長十六年（一五四二年〜一六一一年）。徳川氏の家臣、徳川十六神将の一人。『三河後風土記』の著者とする説がある。

堀尾 吉晴（ほりお よしはる）
天文十二年～慶長十六年（一五四三年～一六一一年）。豊臣政権三中老の一人。加賀井重望が水野忠重を殺害したことから、加賀井重望を返り討ちにする。

本多 忠勝（ほんだ ただかつ）
天文十七年～慶長十五年（一五四八年～一六一〇年）。徳川家家臣、徳川四天王、徳川十六神将、徳川三傑の一人。忠勝は、生涯で五十七回の合戦に及んだが、いずれの戦いにおいてもかすり傷ひとつ負うことがなかったとする伝承がある。忠勝は柄の長さが六メートルもある長い鎗を愛用した。

本多 正重（ほんだ まさしげ）
天文十四年～元和三年（一五四五年～一六一七年）。徳川家家臣、本多正信の弟。三河一向一揆では、家康に敵対する。

本多 正信（ほんだ まさのぶ）
天文七年～元和二年（一五三八年～一六一六年）。徳川家家臣。三河一向一揆では、弟の正重とともに家康に敵対する。後に帰参が許され、家康、秀忠の側近を務める。本願寺内の教如と准如の兄弟対立を知り、家康に本願寺の分裂を進言する。家康は正信を参謀として重用した。

〔ま行〕

前田 利家（まえだ としいえ）
天文七年～慶長四年（一五三九年～一五九九年）。織田信長、豊臣秀吉に仕える。豊臣政権五大老の一人。秀吉の死後、対立する武断派と文治派の仲裁役を果たしていた。「加賀百万石の祖」とされる。

松平 家忠（まつだいら いえただ）
弘治元年～慶長五年（一五五五年～一六〇〇年）。深溝松平家三代当主。『家忠日記』の著者。伏見城の戦いで討ち死にをする。

松平 家次（まつだいら いえつぐ）
生年不明～永禄六年（～一五六三年）。桜井松平家三代当主。三河一向一揆では、家康に敵対した。後に家康から帰参を許される。

松平 清康（まつだいら きよやす）

永正八年～天文四年（一五一一年～一五三五年）。安城松平家六代当主、家康の祖父。清康は、父信忠の代に松平家を離れた家臣を再び呼び戻したとされる。片山家は、清康の代に呼び戻されている。清康は、武力により三河の多くを掌握する。織田信秀の尾張へ侵入したが、家臣阿部弥七郎に殺害される。

松平 親氏（まつだいら ちかうじ）

生没年不明。親氏は世に住みかねて時宗の僧となったとされる。その父有親と三河大浜村（碧南市）の称名寺へ滞在した。有親は称名寺で没す。親氏は松平信重の養子となって松平氏の始祖とされる。

松平 長親（まつだいら ながちか）

康正元年～天文十三年（一四五五年～一五四四年）。安祥城主、徳川家康の高祖父。松平宗家の岩津城が今川氏親、北条早雲により落城したことから、長親の安祥松平家が惣領になったとされる。

松平 信重（まつだいら のぶしげ）

生年不明～明徳三年（～一三九二年）。三河国松平郷の領主。信重は親氏の和歌に通じた教養と武勇を評価して、婿養子として松平郷を継承させる。

松平 信忠（まつだいら のぶただ）

延徳二年～享禄四年（一四九〇年～一五三一年）。安祥松平家二代当主。諫言（かんげん）をする家臣・片山忠正を手討ちにする。松平党内をまとめることができず、家督は清康が継承する。信忠は三十四歳で隠居・出家しその後は、大浜郷（碧南市）称名寺で暮らす。

松平 信康（まつだいら のぶやす）

永禄二年～天正七年（一五五九年～一五七九年）。家康嫡男、母は築山殿。妻は織田信長の娘（徳姫）。徳姫との不仲、母の武田氏との内通を理由に、家康は信長の要求により信康に切腹を決断したとするが異説もある。

松平 広忠（まつだいら ひろただ）

大永六年〜天文十八年（一五二六年〜一五四九年）。安祥松平家四代当主。徳川家康の父。妻は水野忠政の娘於大。水野忠政亡き後、水野家が織田家に与したため、於大とは離縁する。東条城主・吉良持広を通じ今川義元の支援を受ける。

万見 重元（まんみ しげもと）

生年不明〜天正六年（〜一五七九年）。織田信長の小姓。有岡城への一斉攻撃の折、討ち死にする。

水野 勝成（みずの かつなり）

永禄七年〜慶安四年（一五六四年〜一六五一年）。父は水野忠重。母は『寛政重修諸家譜』『水野左近覚書』では都築吉豊としている。幼少期は鷲塚片山家で牢居（御客居）をする。天正十二年（一五八四年）父に勘当される。秀吉、佐々成政、小西行長、加藤清正、黒田家へ仕える。慶長四年（一五九九年）家康の仲介で、父忠重と和解する。大坂の陣で活躍する。備後福山十万石初代藩主。寛永七年（一六三〇年）全国初とされる藩札の発行を行う。寛永十六年（一六三九年）徳川家光より島原の乱の鎮圧を要請される。天草四郎を総大将とする原城攻略は勝成の提案に従うことでようやく収束に至る。福山城内において八十八歳で死去。福山城下賢忠寺に葬られる。

水野 清信（みずの きよのぶ）

生没年不明。水野太郎作国重の父。水野忠重、息子の太郎作らと水野信元の下を離れ鷲塚片山家で牢居（御客居）する。三河の一向一揆へは出陣しなかった。鷲塚片山家十三代道智は、清信の子。水野清信は鷲塚片山家で亡くなり、大塚（現碧南市立東中学校正門付近）に葬られる。

水野 忠清（みずの ただきよ）

天正十年〜正保四年（一五八二年〜一六四七年）。水野忠重の四男、刈谷城で生まれる。徳川家家臣、大坂冬の陣で活躍する。信濃国松本七万石藩主。片山家十三代道智には水野忠清の娘が嫁いでいる。

水野 忠重（みずの ただしげ）

天文十年～慶長五年（一五四一年～一六〇〇年）。通称は藤十郎・惣兵衛。水野忠政の九男。水野家惣領水野信元に仕える。桶狭間合戦後、織田信長は水野信元に甥の元康の討伐を命じた。信元勢は、永禄四年（一五六一年）六月、石ケ瀬、十八町畷で大敗北をする。その頃より忠重は、兄信元と不和になり、水野清信、太郎作らと三河鷲塚片山家へ牢居（御客居）する。三河一向一揆では家康から「我が陣営にあるべし」と助力を求められる。忠重らは家康への奉公をはじめる。以後、家康に仕えていたことで、水野信元の粛清後、時を経て水野家の再興を果たす。

水野 忠胤（みずの ただたね）

生年不明～慶長十四年（～一六〇九年）。忠元より忠胤へ改名。水野忠重の次男・勝成の弟。母は都築吉豊の娘。妻は織田信長の六女於振。関ヶ原合戦で兄勝成と大垣城攻撃にあたる。勝成が母の菩提を弔うため備後福山に妙蓮寺を建立した。同寺は忠胤の次男が僧となり開山する。

水野 忠友（みずの ただとも）

享保十六年～享和二年（一七三一年～一八〇二年）。信濃国藩主水野忠清の名跡を継ぐ家系。初代三河大浜藩主。駿河沼津藩主、江戸幕府老中を務める。田沼意次を支え幕府財政の安定化、重商主義政策を進める。

水野 忠政（みずの ただまさ）

明応二年～天文十二年（一四九三年～一五四三年）。緒川城・刈谷城主。忠政の子に信元、於大、於亀、忠重らがいる。四人以上の女性が忠政の子どもたちの母として存在が確認されている。片山遵智の妻は、水野忠政の娘・於亀の方。

水野 忠分（みずの ただわけ）

天文六年～天正六年（一五三七年～一五七九年）。水野忠政の八男。有岡城の戦いで討ち死にとなる。松平家忠の妻は、水野忠分の次女。

水野 太郎作正重（みずの たろうさくまさしげ）

天文十四年〜元和三年（一五四五年〜一六一七年）

通称は太郎作清久。桶狭間合戦では一番槍を突き功名を立てる。父は水野清信、妻は都築吉豊の娘。水野清信、水野忠重らと三河鷲塚片山家で牢居（御客居）する。三河一向一揆では、忠重らと家康の要請により片山家から岡崎へ出陣する。門徒側大将格大見藤六を討つ。子孫は代々紀州藩附家老家を務める。

水野 信元（みずの のぶもと）

生年不明〜天正三年（一五七六年）。水野忠政亡き後、水野家家督相続。刈谷城主。尾張国織田氏との協力関係を明確にする。織田信秀の三河侵攻に協力し、自らは知多半島の覇者となる。桶狭間合戦では甥の松平元康に大高城撤退を勧める。永禄五年（一五六二年）信長と家康が結ぶ清州同盟の仲介役を果たす。天正三年（一五七六年）佐久間信盛の讒言で武田氏との内通を疑われ、信長の命で殺害される。

水野 太郎作義重（みずの たろうさくよししげ）

天正十七年〜正保二年（一五八九年〜一六四五年）。父は水野太郎作正重。幼少期は鷲塚片山家で牢居（御客居）をする。母は都築吉豊の娘。大坂の陣の後、徳川頼宣（家康十男）紀州藩の附家老を務める。

妙春尼（みょうしゅんに）

生年不明〜慶長三年（〜一五九八年）。俗名は不明、石川清兼（忠成）の妻。水野忠政の娘、家康の叔母、石川清兼は本證寺門徒を代表する人物。三河一向一揆で瓦解した三河本願寺門徒の再結束を進めた立役者。天正十一年（一五八三年）家康より赦免状は妙春尼に出され、三河国での浄土真宗の宗教活動が許可される。

村越 又一郎（むらこし またいちろう）

生没年不明。水野忠重、水野清信、太郎作らと鷲塚片山家へ牢居（御客居）する。水野忠重らと三河一向一揆で家康方として戦う。弓の達人とされる。

森 長可（もり ながよし）

永禄元年〜天正十二年（一五五八年〜一五八四年）。織田信長に仕える。別名は夜叉武蔵。森成利（蘭丸）は弟。小牧・長久手の戦いでは羽柴秀吉側へ与し家康と戦う。この戦いで水野太郎作正重配下の鉄砲足軽・杉山孫六の狙撃で戦死する。

〔や行〕

矢田 作十郎（やだ さくじゅうろう）

生年不明〜永禄六年（〜一五六三年）。松平広忠、徳川家康に仕える。三河一向一揆では門徒側につく。小豆坂の戦いで討ち死にする。

山県 昌景（やまがた まさかげ）

永正十二年〜天正三年（一五一五年〜一五七五年）。武田四天王の一人。長篠の戦いでは撤退を進言したが、武田勝頼は決戦を決断した。この戦いで昌景は討ち死にする。

米津 常春（よねきつ つねはる）

大永四年〜慶長十七年（一五二四年〜一六一二年）。松平家家臣。徳川十六神将の一人。桶狭間合戦、三河一向一揆で活躍する。

〔ら行〕

林 冏（りんけい）

生年不明〜延宝八年（〜一六八〇年）。字名は是一。小石川伝通院十一世。増上寺学頭を経て台命（将軍の命令）によって勝願寺に住む。延宝八年（一六八〇年）閏八月二〇日伝通院に転住した。墓は伝通院。

蓮 如（れんにょ）

応永二十二年〜明応八年（一四一五年〜一四九九年）。浄土真宗本願寺派第八世宗主。現在の本願寺教団（本願寺派・大谷派）の礎を築く。三河国碧海郡西端村に生まれ、佐々木上宮寺の後継となる如光の招きで三河布教を始める。応仁二年（一四六八年）三河土呂の本坊（岡崎市）鷲塚の別坊（碧南市）

という本宗寺二坊並立の一家衆寺院創建が確認されている。

〔わ行〕

渡辺 守綱（わたなべ もりつな）

天文十一年～元和六年（一五四二年～一六二〇年）。松平氏の譜代家臣。三河一向一揆では家康に敵対する。その後、帰参を許される。徳川十六神将の一人。槍が得意で「槍半蔵」と称される。

著者紹介

林口 宏 （はやしぐち ひろし）

1955年、愛知県生まれ。
愛知大学卒業、愛知県公立小中学校教諭。
2016年～2020年、碧南市市史資料室勤務。
2024年、佛教大学大学院文学研究科歴史学専攻博士課程修了。博士（文学）。
【主な著書】
碧南市史料第72集『鷲塚城主水野忠重と片山家』
（碧南市教育委員会2018年）
碧南市史料第73集『三河での瓦づくり・伝承と歴史』
（碧南市教育委員会2019年）
『矢作川の開削と下流域村々の変容』
（碧南市教育委員会2020年）

幻冬舎ルネッサンス新書 268

我《わ》が陣営《じんえい》にあるべし
〜水野忠重《みずのただしげ》による水野家《みずのけ》の復興《ふっこう》〜

2024年12月20日　第1刷発行

著　者　　林口 宏
発行人　　久保田貴幸

発行元　　株式会社 幻冬舎メディアコンサルティング
〒151-0051　東京都渋谷区千駄ヶ谷4-9-7
電話　03-5411-6440（編集）

発売元　　株式会社 幻冬舎
〒151-0051　東京都渋谷区千駄ヶ谷4-9-7
電話　03-5411-6222（営業）

ブックデザイン　田島照久
印刷・製本　中央精版印刷株式会社

ISBN978-4-344-69190-2 C0221
幻冬舎メディアコンサルティングＨＰ
https://www.gentosha-mc.com/